MESTRE DO TEMPO

O MÉTODO COMPROVADO PARA A GESTÃO DO TEMPO

2ª EDIÇÃO

ANTONIO ALBIERO

Piracicaba, 2023

MESTRE DO TEMPO

O método comprovado para a gestão do tempo.

2ª Edição revista e ampliada.

Antonio Albiero

Imagem da capa: Image by onlyyouqj on Freepik

ISBN 9798871455685

SUMÁRIO

"A sabedoria é a única riqueza que os tiranos não
podem expropriar".

- Khalil Gibran

DEDICATÓRIA

A Marinete, Miguel, Isadora e aos muitos professores que fizeram e que ainda fazem parte da minha vida. Foram as suas palavras e os seus exemplos que me tornaram o que sou hoje.

Acima de tudo, ao Mestre dos mestres, insuperável na atividade revolucionária de amar (que é um verbo, amar é ação) incondicionalmente.

A vocês, com muito carinho e reconhecimento, dedico este trabalho.

Antonio

INTRODUÇÃO

Olá, caro leitor. Olá, cara leitora.

Fico muito satisfeito e grato a você pela decisão de adquirir este e-book. Posso concluir que você tem interesse em melhorar suas habilidades de gerenciamento do tempo, certo?

Pois bem, apresentarei diversas técnicas, conceitos e formas diferentes de como se pensar o "tempo". Este conhecimento tem um potencial imenso de impactar positivamente a sua vida. Tudo depende de uma decisão: a de absorver as ideias aqui apresentadas e, principalmente, de as pôr em prática no seu dia a dia.

Fiz o meu melhor para que você tivesse acesso a um material claro, conciso e organizado. Mas justiça seja feita. Algumas poucas técnicas e ideias foram desenvolvidas por mim mesmo. As outras foram adaptadas de autores que são referência na área de gerenciamento do tempo: **Christian Barbosa** (metodologia Tríade do Tempo), **Stephen Covey** (autor da obra "Sete hábitos das Pessoas Altamente Eficazes"),

David Allen (metodologia GTD), **Francesco Cirillo** (Técnica Pomodoro), **Prof. Stewart Friedman** (Total Leadership), entre outros.

Eu tive o prazer em reunir para você estes conceitos e ideias, e dispô-los em uma ordem que eu considero didaticamente adequada. Eu mesmo uso estas técnicas há muitos anos e posso testemunhar a verdadeira revolução que elas causaram tanto na minha vida como na forma como eu organizo os meus compromissos, minhas tarefas e minhas metas pessoais.

Ao longo da leitura eu vou propor a realização de alguns experimentos. O objetivo deles é permitir que você mesmo verifique os resultados positivos que resultam da adoção destes conceitos. Eu penso que a simples leitura deste material já seria capaz de fazer uma diferença significativa na sua vida. Mas nada comparado a praticá-las com propósito e intenção. Você notará a diferença em termos de mudança de vida e maximização de benefícios. Então, fica o meu convite: faça-os!

O Tempo é um recurso fundamental e precioso demais para ser desperdiçado. É um dom, um presente, que todos nós recebemos ao chegar a este mundo. Como todo recurso a nosso dispor, ele também necessita ser bem administrado para produzir bons frutos.

Por isso, eu novamente te parabenizo pelo seu interesse em conhecer mais sobre este assunto e espero sinceramente que este material seja útil a você. Mais do que isso: que ele possa se tornar um marco na sua trajetória evolutiva pessoal.

Desejo a você, caro leitor, cara leitora, uma vida mais equilibrada, um uso mais racional e rentável do tempo e a conquista de seus objetivos pessoais e dos seus sonhos! Acredite, este é seu destino. E eu já posso te ver lá!

Prof. Antonio Albiero

Mestre do Tempo

O TEMPO

Neste capítulo:

- Veremos que o tempo é um recurso limitado e o porquê de ele dever ser bem empregado.
- A maestria do tempo é alcançada quando se pratica alguns princípios básicos.
- Apresentarei o mapa do caminho proposto para a conquista da maestria do tempo.

O TEMPO

Você já se deu conta de como o tempo é um dos recursos mais preciosos que você possui? Nosso tempo sobre o planeta é limitado. Quando dizemos "mais um dia vivido", estamos dizendo ao mesmo tempo "um dia a menos no meu total de dias por viver" ...

Considere o seguinte: muitos dos serviços que contratamos poderiam ser feitos por nós mesmos (por exemplo, lavar nosso carro no fim de semana, cuidar da limpeza e arrumação doméstica, cuidar do nosso jardim etc.).

Porém preferimos pagar para que outras pessoas realizem esses serviços por nós. E os pagamos simplesmente para não ter que usar o nosso tempo para fazer essas tarefas. Você já tinha pensado nisso? Portanto, estamos comprando "tempo", seja o tempo que levaríamos para aprender a fazer determinada atividade ou, mesmo já sabendo como fazer, comprando o tempo que nos tomaria fazermos nós mesmos a atividade.

Um outro exemplo: os investidores financeiros são normalmente cautelosos em relação às aplicações financeiras que escolhem para colocar o seu dinheiro. São feitos todos os esforços por parte deles para identificar e estudar as melhores opções disponíveis, a fim de fazer o dinheiro render da forma esperada. Nenhum investidor que se preze, em sã consciência, escolheria uma aplicação furada, que lhe causaria prejuízos, não é verdade?

No entanto, muita gente (mas muita gente mesmo) não toma nenhum tipo de cuidado em relação a como investe o seu recurso mais precioso: **o seu tempo**. E quando se dá conta percebe que, ao invés de bons resultados e bons frutos colhidos na forma de crescimento profissional e evolução pessoal, acaba colhendo frustração, estresse e estagnação. Aí já é tarde.

Se investirmos mal um recurso, naturalmente o resultado do investimento será ruim.

Conclusão óbvia: devemos priorizar a busca pela melhor forma de investir o nosso recurso "tempo" do modo mais vantajoso e inteligente possível.

Vale aqui o ditado: não espere colher aquilo que você não plantou!

O TEMPO É UM RECURSO LIMITADO

O tempo pode ser o seu melhor aliado. E o tempo pode se tornar o seu pior inimigo.

O tempo se torna seu aliado quando você o investe inteligentemente em atividades destinadas ao seu crescimento pessoal e profissional, bem como quando ele é usado para usufruir das dádivas diárias da vida (por exemplo: o prazer das boas companhias, o lazer, o trabalho voluntário etc.).

Mas o tempo se torna um inimigo quando ele é utilizado em atividades que não trazem crescimento algum para você, desperdiçado ou usado apenas para se lastimar, reclamar, focar nos aspectos negativos da vida e em seus próprios dramas pessoais.

Você tem que fazer as pazes com o tempo o quanto antes, e aproveitá-lo ao máximo a seu favor. Afinal de contas, você nunca saberá com certeza quando o SEU TEMPO terminará, ou sabe?

Pergunto: o que aconteceria com a sua vida se você efetivamente e na prática investisse o seu tempo de uma forma melhor do que investe hoje, em atividades que contribuirão para o seu crescimento pessoal e profissional?

Onde seria possível chegar em 5, 10 ou 20 anos com um bom investimento do seu tempo a partir de hoje?

O QUE SIGNIFICA SER UM MESTRE?

Dei um título um pouco ousado para este livro. Mestre do Tempo. Nada mais justo do que te ajudar a entender qual o sentido da palavra "Mestre" neste trabalho.

Um mestre é um indivíduo que consegue produzir resultados excepcionais com facilidade. Por isso, ele se destaca acima da média das pessoas em relação aos resultados superiores que ele é capaz de obter.

O Mestre só é mestre porque possui a qualidade da <u>maestria</u>. Maestria significa mais do que simplesmente fazer algo bem-feito. Maestria significa principalmente <u>ter conhecimento e domínio dos princípios</u> responsáveis pelos resultados superiores que o mestre é capaz de obter.

Ou seja: um mestre é capaz de fazer mais com menos esforço, menos recursos e menos tempo porque conhece o que funciona, sabe claramente o que não funciona e as razões por que o que funciona, funciona.

Assim, **um Mestre do Tempo é um indivíduo capaz de obter resultados superiores com o uso adequado do tempo, conhecendo e utilizando princípios que sabidamente funcionam para gerar esses resultados**.

O QUE SE DEVE ESPERAR DE UM MESTRE DO TEMPO?

Com essa explicação em mente, veremos agora o que se espera de um mestre do tempo e o que ele é capaz de fazer:

- ❖ O Mestre do Tempo é capaz de usar o tempo a seu favor, para o seu crescimento e evolução pessoais.
- ❖ O Mestre do Tempo é capaz de saber o que quer e, com isso, não desperdiçar o seu tempo com as coisas que não quer;
- ❖ O Mestre do Tempo é capaz de manter todas as áreas de sua vida em harmonia, dedicando-se a atividades e projetos que beneficiam o conjunto do seu ser;
- ❖ O Mestre do Tempo é capaz de sonhar e usar o tempo para tornar seus sonhos uma realidade;

❖ O Mestre do Tempo é capaz de ser organizado, seguindo um método para lidar com as informações, solicitações e compromissos que adentram a sua vida;

❖ O Mestre do Tempo é capaz de estar preparado para lidar com urgências, dificilmente sendo surpreendido por situações inesperadas.

❖ O Mestre do Tempo é capaz de conseguir administrar de forma eficiente a sua vida, os seus compromissos e suas tarefas (atuais e futuras);

❖ O Mestre do Tempo é capaz de interagir positivamente com o tempo, honrando o seu passado, vivendo o seu momento presente sem perder de vista o seu futuro;

Para tornar-se um Mestre do Tempo basta que você conheça e pratique, pratique e pratique os princípios que estão por trás dos resultados excepcionais.

OS OITO PASSOS PARA A MAESTRIA DO TEMPO

Preparei um mapa para te ajudar a visualizar melhor a sua jornada ao longo do caminho para adquirir a maestria no uso do tempo. O caminho é formado por 8 passos ou, se preferir, 8 fases ou estações.

Passo 1: Ter uma visão sistêmica da vida

O primeiro passo consiste em aprender a encarar a vida como um sistema, um todo formado por partes. No caso, o sistema de vida é composto por quatro partes (ou domínios) diferentes. Neste passo é fundamental também identificar claramente quais são os seus papéis (ou funções, se preferir) em cada um desses quatro domínios.

Passo 2: Saber com clareza o que se quer alcançar

Uma vez que temos uma visão sistêmica da vida, temos agora condições de interagir com esse sistema de forma a beneficiá-lo e empoderá-lo. Neste passo aprenderemos a manter o seu sistema de vida equilibrado e livre de conflitos (o que chamaremos de "vitória quádrupla").

Passo 3: Definir Metas e Objetivos Claros

No terceiro passo aprenderemos a definir quais são os objetivos e metas para cada um dos seus domínios, tudo com muita clareza.

Passo 4: Gerenciar o sistema de Vida

Uma vez que sabemos o que queremos alcançar na vida, temos as balizas necessárias para selecionar as ações que nos levarão em direção ao que queremos. Neste passo aprenderemos a gerenciar a vida e a usar o tempo para focarmos nas tarefas importantes, reduzindo consequentemente aquelas que são meramente circunstanciais e urgentes.

Passo 5: Implementar o Método de Gestão de Vida

Neste passo, conheceremos "a cerejinha do bolo", o método confiável e seguro para administrar com maestria a sua vida e seus afazeres.

Passo 6: Aprender que na vida geramos "resultados".

No sexto passo aprenderemos a <u>gerar resultados</u>, transcendendo os conceitos tradicionais de "sucesso" e "fracasso".

Passo 7: Gerenciar o estresse cotidiano

Nesta etapa, que de certa forma suporta e empodera os passos anteriores, aprenderemos práticas e conceitos que auxiliam nosso cérebro e mente estarem calmos e tranquilos em relação aos eventos da vida. Usaremos estratégias para manter o nível de estresse em níveis os mais baixos possíveis.

Passo 8: Melhoria contínua.

No oitavo passo, refletiremos sobre a importância de aprender com nossos erros e acertos e, assim, melhorar continuamente a forma como fazemos a gestão do nosso tempo, conseguindo resultados cada vez melhores.

REFLEXÃO

Animado com as possibilidades? Eu estou. E antes de continuarmos a nossa conversa, gostaria de te convidar a uma reflexão. Leia o texto a seguir e reflita sobre ele. É um texto, de autoria anônima, que contém uma linda e inteligente mensagem sobre a importância do tempo, muito em linha com o que falamos até o momento.

O Banco do Tempo

Imagine um banco que deposita em sua conta corrente, todas as manhãs, R$ 86.400,00. Só que toda noite o banco retira todo o dinheiro que você não usou durante o dia.

O que você faria? Gastaria tudo, claro!

Pois bem, esse banco existe: é o banco do TEMPO. Toda manhã esse banco credita 86.400 segundos em sua conta. No fim do dia zera tudo o que você não usou. Não vai nenhum saldo para o dia seguinte e o que você não usou estará perdido! O banco não permite guardar para o futuro.

Se você não usar o depósito do dia, o prejuízo será seu.

Você tem que viver no presente os depósitos de hoje. Trate de investir o máximo que puder em saúde, felicidade, paz, alegria e sucesso. Trate de dar o máximo à sua família, aos seus amigos, a seu país, à humanidade. Seja generoso hoje. Ame hoje. Agradeça hoje.

Não deixe nada para amanhã porque você só tem o hoje.

Para saber o valor de UM ANO pergunte ao estudante que foi reprovado em seus exames;

Para saber o valor de UM MÊS pergunte a uma mãe que teve um filho prematuro;

Para saber o valor de UMA SEMANA, pergunte ao editor de uma revista semanal;

Para saber o valor de UM DIA pergunte ao operário que ganha por dia e tem quatro filhos para alimentar;

Para saber o valor de UMA HORA pergunte aos amantes que estão esperando para se encontrar;

Para saber o valor de UM MINUTO pergunte a quem perdeu o avião;

Para sentir o valor de UM SEGUNDO pergunte a quem acaba de escapar por um triz de um acidente;

Aprecie cada momento que você tem e procure apreciá-lo ainda mais buscando dividir esse momento com alguém... Alguém especial. E lembre-se: o tempo não espera por ninguém!

Autor desconhecido

Resumindo:

- O tempo só é bem investido quando ele é usado para o seu crescimento pessoal.
- A maestria do tempo pode ser alcançada por meio do caminho de oito passos.

SUA VIDA É UM SISTEMA

Neste capítulo:

- Veremos que a vida humana é um sistema formado por quatro partes ou domínios.
- Aprenderemos a identificar nossos papéis dentro de cada domínio.
- Quem são as pessoas que são mais significativas (importantes) para nós e que expectativas elas têm com o relacionamento conosco?

SUA VIDA É UM SISTEMA

Em engenharia, utiliza-se o conceito de "sistema". Um sistema é basicamente um todo formado por partes independentes (domínios) que se relacionam entre si para produzir um resultado desejado.

Por exemplo: um carro, um computador, uma empresa são exemplos de sistemas. São formados por muitas peças, partes e componentes que trabalham juntos em torno de um objetivo. Assim é a nossa vida.

Considere o seu automóvel. Para você, ele é uma coisa inteira, que você utiliza para se locomover de um ponto a outro. Porém, quando o seu carro precisa fazer uma visita à oficina, o mecânico compreende o carro como várias peças interligadas (freios, bateria, pneus, carroceria, motor etc.) e busca qual delas não está funcionando adequadamente para assim efetuar o reparo.

O mesmo se passa com a sua vida, é a mesma coisa. O seu "Sistema Vida" é formado por domínios que são inerentes ao ser humano. Inconscientemente sabemos que devemos dar atenção a cada um desses domínios para termos maior realização e felicidade.

Quando esses domínios de vida trabalham em harmonia, temos como resultado um sentimento de realização pessoal e de sucesso. Porém, quando um ou mais domínios conflitam, sentimos interiormente o desconforto dessa situação.

Por exemplo, o seu corpo é um sistema, formado por muitos órgãos. Se todo o seu corpo estiver bem, mas o dedão do pé direito estiver doendo, todo o corpo sofre com o desconforto dessa parte menor. Se apenas uma parte da sua vida não estiver OK, o sentimento é de que toda a vida não está OK, por mais que todas as outras partes estejam indo bem.

Os "domínios" que formam nosso sistema de vida (você também pode chamá-los de 'partes' ou 'áreas') são os seguintes:

- Lar;
- Trabalho;
- Comunidade;
- Ser (ou o domínio do "Você mesmo").

DOMÍNIO 1 – LAR

Seu lar corresponde não só à casa onde você mora. Esta é a área formada também pelas pessoas significativas com as quais você tem uma forte relação de convivência íntima. Isto é, são as pessoas que compartilham a vida junto com você.

Aprenda que: Lar = moradia + família. Estar bem no domínio do Lar significa que temos sucesso e satisfação com o nosso ambiente particular, com a boa convivência e harmonia entre marido e mulher, pais e filhos, irmãos, irmãs, parentes etc.

Como diz o ditado: o dinheiro pode comprar uma casa, mas jamais te comprará um lar.

DOMÍNIO 2 – TRABALHO

Aqui tratamos do seu domínio profissional. O trabalho nos dá a oportunidade de sermos úteis para os demais e para o nosso país. É nesse domínio que manifestamos nossa criatividade no mundo e construímos nosso legado.

Ah... e fazemos dinheiro, é claro. Trabalhar é um privilégio! Faz parte da natureza do ser humano "dominar, ampliar e melhorar a criação" com o poder do trabalho.

Você já notou que mesmo as pessoas que já são muito ricas e que em tese não necessitam mais trabalhar por dinheiro, ainda assim preferem continuar trabalhando?

Há alguns anos a top-model internacional Gisele Bündchen anunciou a sua aposentadoria aos 34 anos de idade. Para aproveitar a sua imensa fortuna? Que nada! Durante entrevistas que ela deu na ocasião ela anunciou que pretendia se dedicar a outros projetos. Ela continua trabalhando. Quantos outros famosos e milionários você conhece que continuam ativos, até mesmo aos 80 ou 90 anos?

Eu particularmente pretendo trabalhar até os 120 anos!

Algumas perguntas para você:

❖ Você se realiza plenamente com a sua profissão?

❖ Faz aquilo que ama ou o seu trabalho é mais uma obrigação que deve ser feita, faça chuva ou faça sol?

❖ Sente que está se desenvolvendo, crescendo e de alguma forma contribuindo com o mundo por meio da função que você desempenha?

❖ Consegue expressar sua criatividade e suas qualidades mais fortes?

❖ Recebe remuneração compatível, isto é, aquela que sente merecer?

DOMÍNIO 3 – COMUNIDADE

Este é o domínio formado pelo grupo social no qual você está inserido. Somos seres sociais, por isso naturalmente procuramos "fazer parte". Não é à toa que as redes sociais como o Facebook, Twiteer, Instagram etc fazem tanto sucesso.

As nossas comunidades vão desde um pequeno grupo formado apenas pelos amigos mais chegados, e cresce, abrangendo mais e mais pessoas, como por exemplo, seus vizinhos da rua onde você mora, as pessoas na empresa onde você trabalha, a comunidade religiosa que você participa, grupos de serviço, pessoas que moram na mesma cidade, estado, país... E enfim a comunidade planetária, global.

Algumas pessoas dão pouca atenção a este domínio. Por isso eu te convido a pensar seriamente sobre qual é a situação no seu caso. Afinal, "é dando que se recebe" e "há mais felicidade em dar do que em receber".

Pergunte-se:

❖ Você contribui ou vem contribuindo com o seu tempo e seus recursos pessoais para o bem-estar da pequena (ou grande) comunidade na qual você está inserido?

DOMÍNIO 4 – O SER

Este é o domínio que envolve o seu ser, o seu corpo, o seu intelecto, as suas emoções e o seu espírito.

Quem joga xadrez sabe muito bem o valor que a peça chamada Rei tem. Por melhor que você esteja se saindo no jogo, se o Rei for perdido o jogo acabará imediatamente. O seu SER (corpo físico, mental, emocional e espiritual) tem o mesmo valor do Rei do xadrez. Se ele se perder, nada mais importa. É fim de jogo.

Pergunte-se:

❖ Qual o seu grau de satisfação com a sua saúde e a sua forma física em geral? Você se considera uma pessoa culta e bem-informada?

- ❖ Considera-se inteligente?
- ❖ Conhece suas habilidades e competências?
- ❖ Como anda o seu controle emocional?
- ❖ Você tem uma clara visão de mundo?
- ❖ E a sua espiritualidade, a sua transcendência, a sua relação com o MAIOR (Deus, Ser, Universo...) como vai?

SE DOMÍNIOS OK, ENTÃO VIDA OK

Podemos escrever o conceito sistêmico da vida numa "fórmula matemática", desta forma:

SUA VIDA = LAR + TRABALHO + COMUNIDADE + SER

Ter o conhecimento de que sua vida é um sistema é algo realmente muito importante. Se o seu automóvel estiver todo funcionando bem, mas o pneu estiver furado (ou a bateria estiver arriada, ou a bomba de combustível não estiver funcionando ou qualquer outra peça importante estiver defeituosa), de que serve todo o resto do veículo estar bom? O carro não vai para lugar algum. Não adianta ter apenas uma parte da vida bem e as outras não. Não adianta o corpo estar bem, mas o dedo da mão esquerda com dor. Todo o corpo sofre junto.

Isso pode parecer óbvio para você agora. Mas saiba que esse conceito, para muita gente, não é tão óbvio assim. Tenho certeza de que você conhece inúmeras pessoas cuja situação de vida demonstra claramente que elas não entendem e nem aplicam o princípio sistêmico em suas vidas.

Vamos a alguns exemplos. Se você tiver sucesso no domínio do TRABALHO, mas estiver com sérios problemas no domínio do LAR (ex. casamento em crise) ou no nível do SER (ex. problemas de saúde), então o seu sistema estará com problemas. Por isso costuma-se dizer que "sucesso no trabalho nem sempre significa ter sucesso na vida".

Se, ao contrário, você tem sucesso no LAR e infelicidade no TRABALHO, o seu sistema (a sua vida) também estará em desequilíbrio. E se você tem sucesso no TRABALHO, no LAR e no SER, mas não contribui de alguma forma com a COMUNIDADE (nos grupos no qual você está inserido), sinto muito. O seu sistema está quebrado e, quer conscientemente, quer inconscientemente, você sente isso como uma inquietude lá no fundo da alma.

Se uma pessoa insiste em perseguir sucesso apenas no domínio do TRABALHO e deixa de lado o seu LAR, no longo prazo ela sentirá os efeitos dessa escolha. Que nos adianta sermos bem-sucedidos profissionalmente e fracassarmos com a nossa família, cônjuge e filhos? E isso vale para cada domínio. Que nos adianta ser um sucesso na nossa COMUNIDADE e ir mal profissionalmente (TRABALHO) ou pessoalmente (SER)?

Fracassar em um domínio é, de certo modo, fracassar na vida inteira. Se não inteira, pelo menos em um pedaço dela. Só quando se tem satisfação com a situação conjunta dos quatro domínios, só então o seu sistema estará em harmonia e funcionando bem. **Você se sente então realizado e em plenitude na vida.**

SEUS PAPÉIS

Você conhece a frase: "a vida é um palco"? Sim, isto é verdadeiro. E nesse palco da vida representamos muitos e diferentes papéis para diferentes tipos de pessoas.

O que é um papel? Papel é qualquer função que exercemos, em qualquer um de nossos quatro domínios. Um papel requer **tempo** e **dedicação**.

Seguem alguns exemplos de papéis para ilustrar melhor o que isso quer dizer.

Papéis no LAR: pai/mãe, filho(a), dono(a) de casa, marido/mulher, parente, tutor de animal de estimação etc.

Papéis no TRABALHO: supervisor, funcionário, engenheiro, vendedor, comprador, responsável por (algo), professor, especialista, colega etc.

Papéis na COMUNIDADE: amigo, vizinho, membro de grupo, associado, benfeitor, líder, cidadão etc.

Papéis no SER: esportista, praticante de hobby, cozinheiro de fim de semana, uma alma imortal etc.

EXPERIMENTO

Pense a respeito das pessoas com quem você interage nos seus domínios e liste quais são os seus papéis. Não despreze este passo, pois ele é muito importante. Mais à frente usaremos esta informação para estabelecer objetivos claros para cada um desses papéis.

Veja como seriam os papéis de uma pessoa imaginária, a título de exemplo:

- **Lar:** pai, marido, filho.
- **Trabalho:** profissional, gerente de vendas, membro de equipe.
- **Comunidade:** amigo, membro da igreja, voluntário.
- **Ser:** judoca, estudioso, motociclista, filho de Deus

Agora faça a sua parte, listando os seus papéis em cada um dos domínios.

AS EXPECTATIVAS EM NOSSOS RELACIONAMENTOS

No teatro, na TV e no cinema os atores representam seus papéis para o entretenimento do público espectador. Da mesma forma, nós exercemos nossos papéis **contracenando com e para outras pessoas**.

Em cada um dos seus domínios existem pessoas com quem você se relaciona e que são significativas, ou seja, importantes para nós.

Alguns exemplos de pessoas significativas:

- **Lar:** família, animais de estimação etc.
- **Trabalho:** gestores, colegas, clientes, equipe etc.
- **Comunidade:** amigos mais chegados, líder espiritual etc.
- **Ser:** você mesmo!

Essas pessoas têm expectativas sobre nós da mesma forma que nós temos expectativas para elas. Devemos levar em conta esse fato para avaliarmos como os impactos de nossas decisões afetarão nossos relacionamentos, de forma positiva ou de forma negativa.

Aproveite para anotar quais são, do seu ponto de vista, as expectativas que os outros têm para cada um dos seus papéis. Isso te trará muita clareza para tomada de decisões futuramente.

Resumindo:

- Encarar a nossa vida como um sistema trará, além de uma perspectiva correta, também um alicerce sólido para construirmos nosso sucesso pessoal.
- Identificar nossos papéis em cada um dos nossos domínios servirá posteriormente como base para estabelecermos nossos objetivos de vida.
- Trazer harmonia para a nossa vida significa que termos nossas expectativas atendidas, bem como atendemos as expectativas das pessoas que são importantes para nós.

LOCALIZE-SE:

- ✓ Passo 1: Ter uma visão sistêmica da vida.
- ○ Passo 2: Saber com clareza o que se quer alcançar.
- ○ Passo 3: Definir Metas e Objetivos Claros.
- ○ Passo 4: Gerenciar o sistema de Vida.
- ○ Passo 5: Implementar o Método de Gestão de Vida.
- ○ Passo 6: Aprender que na vida geramos "resultados".

- o   Passo 7: Gerenciar o estresse cotidiano.
- o   Passo 8: Melhoria contínua.

35

DECIDA FAZER O QUE É CERTO

Neste capítulo:

- Como identificar e lidar com situações que não trazem benefícios para todas as áreas de sua vida.
- Aprender a tomar decisões que levarão a "vitória quádrupla", isto é, vitória nos quatro domínios do sistema.

FAÇA AS COISAS CERTAS

Como vimos falando desde o primeiro capítulo, o pior uso que podemos dar ao nosso tempo é usá-lo em atividades que não trazem benefício algum para o nosso crescimento pessoal.

Pense na horrível situação da escravidão no Brasil do século XIX. Se você fosse um escravo, seria obrigado a empregar todo seu tempo em atividades que, além de não trazer benefício algum para você (só ao seu proprietário), ainda por cima consumiria rapidamente a sua saúde.

Vamos trazer essa reflexão para a nossa época, aqui no século XXI. Faz sentido um profissional trabalhar muitas horas todos os dias e ir, pouco a pouco, prejudicando a sua saúde, o seu lazer, o seu sistema de vida ou a sua situação familiar? Por mais que ele se sinta realizado e obtenha prazer durante o tempo que se dedica ao trabalho, valerá mesmo a pena sacrificar os outros domínios em prol de apenas um, o profissional?

Claro que não! Pelo princípio sistêmico, se uma ou mais áreas da vida estiverem deficientes, toda a vida estará deficiente. Se o dedão do pé estiver doendo, todo o corpo se sentirá desconfortável.

Nem sempre nos damos conta de que estamos empregando o nosso tempo em atividades que não estão dando um retorno integral a todos os nossos domínios. Quando isso acontece, sentimos apenas uma espécie de inquietude, um 'não sei o que' lá dentro da alma...

Geralmente esse sentimento de inquietude quer dizer que não estamos fazendo aquilo que deveríamos estar fazendo. Escolhemos investimentos desvantajosos para o nosso tempo e por isso o desperdiçamos, além de desperdiçarmos nossa energia vital.

Como evitar essa situação e identificar quais são os melhores investimentos para o nosso tão precioso recurso, o nosso tempo? É fácil. É só começar a tomar melhores decisões: substituir os usos desvantajosos por melhores "investimentos", com melhores retornos.

E como identificar quais são as coisas certas a serem feitas? Use um princípio simples: prefira atividades que te colocam mais perto de seus objetivos, em cada um dos papéis e em cada um dos quatro domínios.

A esse princípio damos o nome de **vitória quádrupla**.

Você obtém uma vitória quádrupla (vence 4 vezes) quando a atividade em questão traz ganhos simultâneos para os quatro domínios: Lar, Trabalho, Comunidade, Ser.

O convite aqui é começar a usar este princípio para avaliar as suas atividades atuais e para selecionar atividades melhores.

Deixe sempre este princípio guiá-lo em suas decisões sobre a melhor maneira de empregar seu tempo. Renegocie e reavalie atividades atuais com base nesses critérios e comece a eliminar os maus investimentos do seu tempo.

As coisas certas a fazer são aquelas **que beneficiam a sua vida por inteiro** e não apenas uma parte dela. Portanto, procure fazer mais coisas certas!

A VITÓRIA QUÁDRUPLA

Praticar a vitória quádrupla é vencer simultaneamente nos quatro domínios do sistema de vida. É optar por objetivos, metas e atividades que proporcionem ganhos para todas as quatro áreas simultaneamente e não apenas em uma ou duas delas.

Vamos a um exemplo. Suponha que você está considerando fazer uma viagem de férias com a sua família para visitar alguns amigos. Essa viagem proporcionará uma ótima oportunidade de desfrutar de momentos agradáveis com seu cônjuge e filhos (domínio LAR). Recarregará as suas baterias e proporcionará momentos de relaxamento (domínio SER) para voltar ao TRABALHO com mais energia e disposição. A visita intensificará as relações com os seus velhos amigos (domínio COMUNIDADE).

Percebe como essa viagem proporcionará ganhos em todos os domínios, sendo, portanto, um ótimo investimento do seu tempo?

Mais um exemplo. Imagine que você está considerando fazer um curso de aperfeiçoamento pessoal ou profissional, como uma pós-graduação. Todo curso é um investimento não só de tempo, mas de dinheiro. Ao refletir sobre os benefícios do curso você conclui que ele trará mais conhecimentos e senso de realização (SER), adicionará os professores e os outros alunos ao seu networking (COMUNIDADE), além de melhorar as suas chances de promoção (TRABALHO), que proporcionarão mais recursos (em forma de remuneração) para a sua família (LAR).

Vamos a um cenário um pouco diferente. Suponhamos que surge um convite para uma nova posição na empresa. Os requisitos da vaga implicam uma mudança de país, o que significa que você, que é filho único, irá morar distante de seus pais idosos, que ficarão no Brasil. Esta é uma decisão que deve ser pesada com cuidado, visto que ela trará consequências para os domínios LAR e COMUNIDADE. Vale mesmo a pena no médio ou longo prazo?

EXPERIMENTO

Ao longo dos próximos dias vá, aos poucos, aplicando o princípio da vitória quádrupla para selecionar suas tarefas e projetos.

Com a ajuda das outras técnicas que veremos mais a frente, vá eliminando eventuais tarefas que estejam trazendo apenas benefícios parciais para a sua vida.

Resumindo:

- Situações e tarefas que não trazem ganhos para todas as áreas de nossa vida não valem a pena o nosso investimento de tempo.
- Use o princípio da vitória quádrupla para selecionar as tarefas certas para dedicar o nosso tempo.

LOCALIZE-SE:

- ✓ Passo 1: Ter uma visão sistêmica da vida.
- ✓ Passo 2: Saber com clareza o que se quer alcançar.
- Passo 3: Definir Metas e Objetivos Claros.
- Passo 4: Gerenciar o sistema de Vida.
- Passo 5: Implementar o Método de Gestão de Vida.
- Passo 6: Aprender que na vida geramos "resultados".
- Passo 7: Gerenciar o estresse cotidiano.
- Passo 8: Melhoria contínua.

MARCOS NO CAMINHO

Neste capítulo:

- A responsabilidade pela condução da sua vida é sua.
- Focar no que se quer faz valer a pena.
- Estabeleça Objetivos e Metas neurologicamente corretos.
- O modelo "ESPERTA".

A SUA VIDA É O SEU BARCO

Pronto para mais uma analogia? Vamos comparar a sua vida a um barco a vela navegando em pleno oceano.

Há duas maneiras de você conduzir esse barco. Uma dessas maneiras é fácil e não exige muito esforço. Trata-se **da forma passiva**. É só você deixar o seu barco ao sabor das ondas, das marés e dos ventos. Igualzinho ao modo sugerido por uma famosa música do Zeca Pagodinho: "deixa a vida me levar, vida leva eu".

Você simplesmente vai navegando solto no mar, fluindo ao sabor das forças externas da natureza (ondas, ventos, marés etc.), que vão levando o seu barco sem um destino certo. Você (o barco) vai seguindo e reagindo ao que vai acontecendo no meio do oceano (eventos), dia após dia. Às vezes, acontece de você encalhar numa praia. Pode ser um lugar bacana. Mas também pode ser um lugar deserto, sem graça ou hostil. Chegar aí não dependeu em nada de você, já que você foi levado pelas causas externas, para as quais você entregou o seu barco e sobre as quais não teve controle.

Outra maneira de conduzir o barco é de **forma ativa**. Você sabe onde quer chegar. Você estende as velas e usa as forças dos ventos e das marés para impulsionar o barco na direção que você pré-determinou. Você segura o leme firme e vai corrigindo o curso quando for necessário para manter o barco no curso correto até chegar ao destino anteriormente escolhido.

Na forma ativa você participa diretamente da condução do seu barco. Parece ser simples (afinal, é só escolher o destino e conduzir o barco até lá), mas não é fácil. Precisa de dedicação, trabalho e atenção para os momentos cruciais em que que será necessário fazer correções na rota.

Qual é o ponto importante desta analogia? É o seguinte: não importa qual seja a maneira escolhida por você para conduzir o seu barco. De qualquer forma a **responsabilidade** é e sempre será só sua.

Se você preferir usar a forma passiva e o seu barco vier a aportar numa praia que você não goste, você não tem direito nenhum de reclamar. Afinal, você poderia ter direcionado o barco para outro destino antes de chegar a essa praia, porém você não fez isso...

Várias pessoas que me procuram pedindo ajuda têm queixas muito parecidas entre si:

- "Não consigo alcançar aquilo que eu gostaria de obter". Elas querem dizer que não chegaram à praia certa.
- "Vejo outras pessoas crescendo enquanto eu não saio do lugar". Elas querem dizer que veem os outros barcos se distanciando em direção a praias melhores enquanto o barco delas permanece encalhado numa praia sem graça.
- "Não encontro sentido nisto que eu estou fazendo profissionalmente". Elas querem dizer que a praia em que elas estão está muito chata!

Mas lembre-se. O barco é seu, VOCÊ escolhe se quer ficar, se quer partir, se quer ir para o norte ou para o sul. Só não vale ficar na praia reclamando do vento e das marés, das outras pessoas, da má sorte e do país. Ou ficar com medo de voltar para o mar... ASSUMA a sua responsabilidade e decida em qual porto você quer chegar.

Vamos aprender como fazer isso da melhor forma possível? Mãos ao leme e boa viagem!

O QUE VOCÊ QUER?

A maioria das pessoas sabe muito bem o que **não** querem. Não querem ter uma doença, não querem sofrer a falta de dinheiro, não querem ter um casamento fracassado, não querem ter um trabalho desagradável...

Mas quando você pergunta a elas o que elas realmente querem... A reação muitas vezes será um olhar vazio, seguido de alguns momentos de silêncio e a resposta: "não sei bem o que eu quero".

Isso quer dizer que as pessoas sabem dizer prontamente onde não querem chegar, mas raramente sabem aonde é que querem chegar.

Pessoas que não sabem o que querem passam a vida tentando descobrir o seu destino, o seu porto seguro, experimentando de tudo sem critério e investindo o precioso recurso do tempo em atividades que não contribuem nem para o seu crescimento e nem para a sua evolução pessoal.

Na nossa metáfora do barco, ficam ao sabor das ondas e das marés para ver que bicho que vai dar.

Minha teoria a respeito disso é a seguinte: as pessoas têm medo de assumir a responsabilidade de escolherem uma dentre tantas possibilidades. Com isso, deixam de lado centenas de outras opções. E se mais tarde elas se arrependerem da decisão tomada? É mais fácil culpar as marés da vida do que reconhecer as consequências e a própria responsabilidade pelas suas más escolhas.

Vou te contar um segredo. Preparado? Você sabe dizer qual é <u>a principal diferença</u> entre pessoas que são bem-sucedidas e as que não são? A diferença que faz a diferença é esta: as pessoas bem-sucedidas **decidem o que querem** e mobilizam seus recursos para ir na direção do que decidiram.

Pessoas bem-sucedidas estabelecem objetivos e metas para alcançarem aquilo que desejam. Elas investem seus recursos do tempo em atividades que estão alinhadas com seus objetivos de vida e que proporcionem crescimento e evolução pessoal.

UM RELATO SOBRE O PODER DO FOCO

Veja só que interessante este caso. Em um estudo realizado em 1953, por pesquisadores da faculdade norte-americana de Harvard, os pesquisadores decidiram realizar um levantamento com alunos que estavam se formando naquele ano. Havia muitas perguntas no questionário disponibilizado para os alunos responderem, sobre todo tipo de coisa. Uma dessas perguntas era a seguinte: "você tem os seus objetivos de vida por escrito?". Apenas 3% dos alunos responderam "sim" a esta pergunta.

Vinte anos depois, os mesmos alunos foram convidados a responder a uma nova pesquisa, desta vez um pouco mais abrangente. Quando os dados foram analisados e comparados com a pesquisa anterior, descobriu-se que os 3% que tinham suas metas por escrito tinham uma renda superior à de todos os outros 97% dos alunos juntos!

Podemos concluir que existe poder em **colocar foco** em nossos objetivos. Quando temos clareza sobre aquilo que queremos e fixamos o nosso olhar no alvo, passamos a perseguir esse objetivo com motivação, desejo e propósito. Assim, aumentamos enormemente as possibilidades de chegar de fato onde queremos.

COMO ESTABELECER OBJETIVOS E METAS

A partir de agora passaremos a falar sobre como estabelecer **Objetivos e Metas** de forma neurologicamente correta, isto é, de forma que nosso cérebro aceite bem esses objetivos e queira trabalhar por eles. As palavras "objetivo" e "meta" são sinônimas, mas não têm exatamente o mesmo significado.

Vou dar uma comparação para te ajudar a entender melhor qual é a diferença entre elas. Imagine que você planeja viajar com seu carro na direção Oeste. Para isso você estabelece um plano: ir de cidade em cidade, sempre na direção Oeste, visitando uma cidade por dia. Ao passar pelas cidades diariamente, você vai cumprindo **as metas** que você determinou no seu planejamento da viagem. Porém sempre há mais Oeste (**objetivo**) para seguir em frente.

Cada cidade visitada é uma meta do caminho, perfeitamente alinhada com o grande objetivo, com o propósito de prosseguir na direção Oeste.

Note que Objetivo é algo mais amplo e que está associado com a finalidade, com a missão de vida. Os seus objetivos juntos respondem à pergunta "para quê eu vivo?".

Já as metas são etapas específicas do caminho, passos que, ao serem dados, aproximam você dos seus objetivos. Elas respondem à pergunta "como conseguirei atingir o objetivo proposto, meu propósito, minha finalidade de vida?".

Exemplificando: você pode estabelecer objetivos de vida como, por exemplo, o de ser o melhor profissional de sua área, ser um bom pai, montar uma empresa de sucesso etc. Esses são exemplos de "Oeste".

Ao pensar em como você pode ser um melhor profissional, ou como ser um bom pai, ou como montar uma empresa etc. você então começa a pensar nos passos intermediários que precisam ser dados para chegar lá. Os passos são as metas.

DETERMINE SEUS OBJETIVOS

Agora é hora de começarmos a determinar o que você de fato quer. Nesta altura da leitura eu espero que você já tenha clareza sobre quais são os seus papéis em cada um dos quatro domínios. Ainda não? Pois então eu convido você a fazer isso antes de continuarmos.

Tudo certo? Já identificou os seus papéis? Ótimo. Agora vem a pergunta chave.

- ❖ O que você quer alcançar, obter, tornar-se ou ser (ou seja, quais são os seus objetivos) em cada um dos seus papéis?

EXPERIMENTO

Determine quais são os seus objetivos para cada um dos seus papéis de vida. O que você realmente e verdadeiramente quer alcançar, obter, ser ou tornar-se em cada papel identificado?

EXEMPLOS DE OBJETIVOS

- Papel Mãe: ser a melhor mãe para os filhos, educar os filhos.
- Papel Gerente de Vendas: ajudar a equipe atingir as metas de vendas.
- Papel Voluntária: coordenar as campanhas de arrecadação da instituição.

Agora é a sua vez. Construa a sua própria tabela, como mostrado acima, com pelo menos dois objetivos para cada um de seus papéis.

DETERMINE METAS ESPERTAS

Agora que temos os objetivos iniciais estabelecidos para cada um dos seus papéis, passemos a pensar nos passos necessários para alcançar cada um deles. Chegou a hora de criarmos as suas **metas**.

Para isso, é importante estabelecermos metas não apenas para o curto-prazo apenas. Pense em termos de metas para os próximos 12 meses, 3 anos, 5 anos e 10 anos. Para cada um dos seus papéis, para cada objetivo, tenha uma visão de longo prazo e determine o que você quer obter, tornar-se e alcançar em cada um deles.

Para criar suas metas utilizaremos um modelo chamado **meta ESPERTA**. Cada letra da palavra *ESPERTA* é a inicial de um dos ingredientes que formam uma meta completa e bem formulada, neurologicamente correta. Vamos conhecer?

Para uma meta ser ESPERTA, bem formulada e bem estruturada ela deve ser/ter:

- **E**specífica;
- **S**istêmica;
- **P**razo;
- **E**vidência;
- **R**ecursos;
- **T**amanho;
- **A**lternativas.

A meta deve ser **ESPECÍFICA**, Positiva e Pessoal

É preciso especificar detalhadamente o que você quer conquistar, com riqueza de detalhes e de dados. Uma meta vaga e imprecisa não é clara o suficiente para criar motivação em nível cerebral. Ninguém dá um passo para frente sem antes ter clareza suficiente do ponto onde pousará o pé.

"Eu quero ganhar muito dinheiro"... humm... meio vago. Quanto é muito?

"Eu quero ganhar 1 milhão de reais." Ah! Agora sim. Você foi específico.

Sua meta precisa ser elaborada em termos **positivos**. Uma meta negativa, do tipo "Eu não vou comer demais", cria a situação mental oposta a esse comportamento. É o mesmo que dizer "Não pense numa maçã vermelha". Você já pensou na dita cuja da maçã. Muito melhor dizer: "Comerei metade do que eu costumo comer no almoço". Agora sim! Específico e positivo.

Uma meta deve ser pessoal. Ela é sua. Tome posse dela. Cuide dela. Ela será desejada, iniciada, planejada e executada por você. Pense nisto: se você não está perseguindo as suas próprias metas, isso possivelmente quer dizer que você pode estar, na verdade, buscando a meta de outras pessoas!

Outro detalhe, que é a diferença que faz a diferença: escreva as suas metas. Meta só é meta se estiver por escrito.

A meta deve ser **SISTÊMICA** e Ecológica

A meta boa sempre será uma meta ecológica. Entenda que aqui a palavra ecologia significa o "seu entorno". A meta trará qual tipo de impacto às pessoas significativas da sua vida? Impactos positivos ou negativos?

Avalie se a meta em questão trará impactos negativos ou positivos no seu sistema de vida (em seus quatro domínios: LAR, TRABALHO, COMUNIDADE e SER).

Pergunte-se:

- ❖ A meta proporcionará uma vitória quádrupla?
- ❖ A meta vai se encaixar na minha vida de forma harmoniosa?
- ❖ Como ela afetará as expectativas das pessoas significativas para mim?
- ❖ O que eu ganho ao conquistar essa meta? E o que eu perco ao conquistar essa meta?
- ❖ Todos ganharão se esta meta for conquistada? Quem perderá?

A meta deve ter **PRAZO**

Toda meta precisa ter uma data de conclusão, um prazo para ser realizada. Um sonho com data para acontecer se torna uma meta.

Mesmo que você não saiba com precisão qual a data pretendida, é muito importante que fixe uma data específica: dia, mês e ano. O prazo dará uma sensação de urgência ao seu cérebro, gerando motivação e energia para que as ações requeridas para se atingir a meta sejam de fato executadas. É uma ajuda e tanto!

A meta deve ter **EVIDÊNCIAS** (indicadores) de conclusão

É preciso determinar de antemão quais serão as evidências ou parâmetros que confirmarão a realização da sua meta. O que precisa acontecer, obter ou ser realizado para você declarar a meta como atingida? O que você sentirá, verá, tocará, degustará, ouvirá?

Por exemplo, se a sua meta for emagrecer, determine o peso que a balança deve mostrar para declarar a dieta como concluída. Se você quer aumentar a sua renda, determine qual o novo valor na sua conta bancária especificamente.

A meta deve ter **RECURSOS** disponíveis para ser executada

É preciso identificar quais recursos (já existentes ou não) serão necessários para conquistar a sua meta.

Quais conhecimentos, habilidades, recursos financeiros, recursos materiais e humanos você precisa mobilizar para alcançar a sua meta? Os recursos já estão disponíveis ou precisam ser obtidos / desenvolvidos?

A meta deve ter seu **TAMANHO** dimensionado

Avalie o tamanho de sua meta. Se ela for pequena demais, ela não será tão motivadora assim. Por outro lado, proponha uma meta ambiciosa, mas não impossível.

Que ela seja um pouco maior que a sua zona de conforto. Ninguém dá um passo maior do que a perna, certo? Para andar mais rápido e de forma segura, nós aumentamos o tamanho do passo um pouquinho só a mais.

Se ainda assim você concluir que a meta está grande demais, sem problemas. Divida sua meta em etapas (sub-metas) a serem trabalhadas individualmente. Em breve trataremos dos projetos, que servem justamente para esses casos.

A meta deve ter **ALTERNATIVAS** (com identificação de Obstáculos) para ser realizada

Com a meta especificada, avaliada, positiva, datada, evidenciada e dimensionada chegou o momento de estabelecer o plano de ações, as tarefas.

- Para formar um bom plano, liste no mínimo quais são os três principais passos para sair do ponto em que você está para chegar ao ponto de conquista de sua meta. Que passos são esses?

- Responda obrigatoriamente às perguntas: O quê? Quem? Quando? Quanto? Onde? Como? Por quê?

É importante aproveitar para pensar também nas eventuais limitações e obstáculos que podem surgir no seu caminho. Portanto elabore um plano de contingência para o caso de as coisas não saírem do jeito que você espera. Assim você terá alternativas de ação para quaisquer cenários que surgirem no caminho.

EXPERIMENTO

Usando o modelo meta ESPERTA, crie suas metas para os objetivos que você estabeleceu no experimento anterior.

Para cada objetivo estabelecido anteriormente, estabeleça as metas e o plano de ações correspondentes usando o modelo estruturado proposto a seguir.

- Papel e Objetivo relacionado a esta meta:
- Descrição detalhada da meta (quem, como, quando, onde, por que, quanto):
- Data de conclusão (prazo):
- Recursos (físicos, humanos, financeiros, conhecimentos, habilidades):

- Indicadores que comprovam o alcance da meta (evidências):
- Plano de ação: Passo 1? Passo 2? Passo 3? Crie planos alternativos considerando possíveis obstáculos. Para um plano ainda mais refinado, acrescente mais passos.

Resumindo:

- Você é e sempre será o único responsável por conduzir ativamente a sua vida.
- Estabeleça os "Porquês" (objetivos) e os "Como" (metas) de sua vida, para cada papel.
- Use o poder de pôr as coisas importantes por escrito.
- Use o modelo "ESPERTA" para guiá-lo na criação de metas neurologicamente corretas.

LOCALIZE-SE:

- ✓ Passo 1: Ter uma visão sistêmica da vida.
- ✓ Passo 2: Saber com clareza o que se quer alcançar.
- ✓ Passo 3: Definir Metas e Objetivos Claros.
- o Passo 4: Gerenciar o sistema de Vida.
- o Passo 5: Implementar o Método de Gestão de Vida.

- o Passo 6: Aprender que na vida geramos "resultados".
- o Passo 7: Gerenciar o estresse cotidiano.
- o Passo 8: Melhoria contínua.

DECIDA FAZER O QUE É CERTO

Neste capítulo:

- Vamos aprender a classificar as suas atividades e afazeres nas seguintes categorias: importantes, urgentes ou circunstanciais.
- Uma vez classificadas, vamos entender a importância de focar nas tarefas que são importantes.

O CAMINHO ATÉ O MOMENTO

Ao chegar a este ponto da leitura, penso que você já compreendeu que a sua vida é um sistema. Você também identificou com clareza quais são os seus papéis em seus quatro domínios e quais são os seus objetivos para eles. Estabeleceu também metas de curto, médio e longo prazo com os respectivos planos de ação de 3 ou mais passos para que seus objetivos sejam alcançados.

Em outras palavras, **você sabe onde quer chegar e tem um plano para chegar lá**. Basta começar a agir.

Só que as chances são de que, além das novas tarefas que você elencou para conquistar as suas metas recém-estabelecidas, já existem dezenas de outras tarefas e responsabilidades que também disputam pela sua atenção.

Então pergunto: como achar "tempo" para encaixar as novas tarefas no seu dia a dia? É isso que veremos a partir de agora. Apresentarei neste capítulo alguns conceitos úteis tirados da metodologia Tríade do Tempo, do autor Christian Barbosa.

FAÇA UM INVENTÁRIO DE SUAS TAREFAS

Para começar, vamos fazer o seguinte. Classifique as suas tarefas em três categorias distintas, de modo a separar o que você tem que fazer em três "caixinhas" diferentes. As caixas que usaremos serão as seguintes:

- Caixa Importante;
- Caixa Urgente;
- Caixa Circunstancial.

Nada melhor do que um exemplo para entender melhor qual é a diferença entre estas categorias.

Imagine a seguinte situação: você tem um amigo médico. Se esse amigo te convidasse para juntos assistirem um documentário sobre cirurgias cardíacas, você aceitaria?

Bem, você há de concordar comigo que isso depende.

Se você for um estudante de medicina, talvez você tenha interesse em assistir a esse tipo de produção. Pode até ser que seja **importante** que você assista, como parte de um trabalho que você está fazendo para uma disciplina na sua faculdade ou para ganhar um melhor entendimento sobre o assunto.

Agora, se você for assistir apenas porque quer agradar o seu amigo (na verdade, você nem gosta de assistir documentários e ainda por cima passa mal quando vê sangue) ou simplesmente porque não tem nada melhor para fazer, então você cedeu à força das **circunstâncias**.

Note a diferença:

- **Importante**: a tarefa está alinhada com seus objetivos (no exemplo, sua formação profissional).
- **Circunstancial**: a tarefa não agregará nada em termos de colocá-lo mais perto de seus objetivos. Este é o tipo de coisa que você faz no embalo do momento ou por conta da influência de outras pessoas, para gastar tempo.

Continuemos o nosso exemplo. Imagine que um de seus objetivos principais no domínio do SER seja manter uma boa saúde. Portanto é importante você ter como meta agendar uma consulta com um cardiologista para fazer seus exames e realizar um diagnóstico preventivo.

Note que a consulta não tem obrigatoriedade nenhuma de acontecer hoje, amanhã ou num futuro próximo. Afinal você só está interessado em realizar um checkup. Sem mencionar que pode ser difícil conseguir uma consulta com um cardiologista dentro de um prazo curto.

Mas e se, de repente, você começar a sofrer um infarto? A tarefa que antes era importante passou de repente a ser **urgente**! Agora a consulta ao cardiologista não pode esperar mais nem um segundo para ser realizada, tem que ser feita já ou a situação pode se tornar um completo desastre.

Recapitulando:

- **Tarefas importantes**: estão alinhadas com os seus objetivos e não tem um prazo definido para serem realizadas.
- **Tarefas urgentes**: são tarefas inesperadas que irrompem em sua vida ou que simplesmente fugiram do controle e que devem ser atendidas

antes de gerarem resultados negativos ou desastrosos.

- **Tarefas circunstanciais**: são as tarefas que não agregam valor algum aos seus objetivos. São feitas pela força das circunstâncias. Gastar tempo.

Note o seguinte: quanto mais tempo você dedicar às tarefas importantes, menos propenso a ceder às tarefas circunstanciais você será e menos emergências e incêndios você terá que cuidar no seu dia a dia. Isso porque as tarefas importantes vão dando conta e prevenindo as urgentes de acontecerem e de irromperem inesperadamente em sua vida.

O QUE PODE SER CONSIDERADO IDEAL?

Existe algum padrão de dedicação de tempo para ser usado como base para o nosso planejamento de tempo, isto é, na proporção de dedicação entre cada uma das três categorias importante, urgente e circunstancial? Resposta: sim, existe.

Pondere comigo: temos que ter espaço e uma certa flexibilidade na nossa agenda. Engessar a sua agenda só causará estresse na sua vida. Isso porque é impossível tirarmos as urgências e as atividades circunstanciais de nossas vidas.

Conheça a seguir a "proporção modelo", isto é, a distribuição ideal entre as tarefas importantes, urgentes e circunstanciais que devemos buscar alcançar em nosso dia a dia.

- ❖ **70% do tempo** deve ser dedicado **às tarefas importantes**;
- ❖ **20% do tempo** deve ser reservado **às tarefas urgentes**;
- ❖ **10%** para **tarefas circunstanciais**, porque ninguém é de ferro.

Pronto! Agora você tem uma referência para adaptar e reproduzir no seu dia a dia.

EXPERIMENTO

Faça o seu inventário das tarefas atuais. Anote por duas semanas numa lista todas as tarefas que você fizer ou que forem surgindo. Classifique-as em uma das três categorias: importante, urgente ou circunstancial.

- ❖ Anote também quanto tempo você empregou para fazer essas tarefas.
- ❖ Quantas horas por dia e por semana foram usadas para cada tipo de tarefa?
- ❖ **O que você fará para se concentrar nas tarefas que são importantes e reduzir as tarefas urgentes ou meramente circunstanciais?**

COMO LIDAR COM AS TAREFAS URGENTES?

Normalmente uma tarefa que virou urgente era antes uma tarefa importante que não teve a devida atenção. Obviamente, há também aquelas que simplesmente irrompem em sua vida sem aviso prévio...

Quando passar por uma situação urgente pergunte-se:

- ❖ Por que essa atividade é urgente?
- ❖ Como eu poderia ter prevenido isso de acontecer?
- ❖ O que farei no futuro para prevenir que isso se torne urgente novamente?

Dicas úteis para lidar com as urgências:

- Aprenda com as urgências. Estude-as, compreenda-as e planeje ações futuras para evitar que elas ocorram novamente.
- Não entre em pânico. Enderece a urgência o quanto antes para evitar que ela se transforme em um desastre.
- Ao ser surpreendido por algo urgente, reveja as prioridades do dia. Assim você evitará ficar sobrecarregado.
- Se possível, delegue ou busque ajuda adicional para lidar com a urgência.

COMO LIDAR COM AS TAREFAS NÃO IMPORTANTES?

Lembre-se: a maestria do tempo requer a realização de tarefas que o aproximem de seus objetivos e que tragam ganhos em todos os domínios de sua vida. Portanto, de forma responsável e tranquila, pouco a pouco, interrompa, rejeite ou passe adiante tarefas que não estão alinhadas com os seus objetivos.

Quando identificar tarefas que estão desperdiçando o seu tempo, você deve tomar uma das seguintes atitudes.

Interrompa (abandone) a tarefa.

Avalie se é possível parar a execução dessa tarefa. Se não houver impactos colaterais, as tarefas podem ser abandonadas praticamente de imediato. Por exemplo, não há obrigação alguma em terminar um livro simplesmente porque você começou a leitura. Projetos e atividades também podem ser abandonados se não houver maiores consequências para outras pessoas. Lembre-se: não desperdice seu tempo em algo que não está trazendo ganhos em todos os domínios.

Delegue a tarefa.

Outra boa opção é passar a tarefa para que uma outra pessoa a realize em seu lugar. Assim você libera seu tempo para as coisas que fazem mais sentido para seu crescimento. Para a pessoa que recebe a tarefa pode ser uma oportunidade de aprendizado e crescimento. A situação tem que gerar um "ganha-ganha" para todos os envolvidos.

Porém lembre-se de que a outra pessoa nunca fará a tarefa da mesma forma que você. Ela pode ainda estar aprendendo como fazer. Acompanhe-a e auxilie-a. Por exemplo, a dona de casa que contrata uma diarista para cuidar da limpeza de sua residência sabe que a pessoa não fará a limpeza do mesmo jeito ou com a mesma qualidade que ela. Ainda assim, o tempo que ela ganha com a ajuda da diarista é motivo suficiente para relevar a situação. Tudo é questão de ponderar custo e benefícios.

Observação: nem sempre a delegação transfere a responsabilidade para a outra pessoa. Se for este o caso, lembre-se de supervisionar o andamento do trabalho marcando pequenas reuniões de acompanhamento e estando disponível para aconselhar e orientar. Assim você se mantém informado e apto a intervir a tempo quando houver necessidade de alguma orientação.

Diga "não".

Ao rejeitar uma tarefa, aprenda a dizer não com elegância:

- **Indique outra solução:** ofereça uma saída ou indique um substituto para fazer a tarefa ao invés de você. Assim você evita deixar a pessoa na mão.
- **Negocie o prazo:** se não houver como encaixar a tarefa em sua agenda no momento, negocie a realização dela para um momento mais adequado.
- **Não tenha receio em simplesmente dizer não.** "Não" foi a palavra que mais ouvimos na infância. Então estamos preparados para ela. Você não precisa estar sempre disponível para os outros.
- Se você suspeitar que ouvir seu não será doloroso para a outra pessoa, então não adie. **Diga não imediatamente.** Vá direto ao ponto. Deixar para dizer seu "não" mais tarde só vai prolongar o desconforto.
- **Seja sincero ao dizer não:** explique exatamente por que você está recusando o serviço (as pessoas são mais compreensivas com isso do que se imagina). Dizer "não" é tão difícil que as pessoas na verdade admiram aqueles que têm essa capacidade.

Algumas frases úteis que nos ajudam a dizer não:

- Não, obrigado!
- Desculpe, mas eu não estou mais ___________ neste momento da minha vida.

- Desculpe, mas estou com outras prioridades neste momento.
- Eu já tenho tantos compromissos no momento que não posso me comprometer com mais nada.
- Neste momento, não poderei ajudá-lo.
- Obrigado. Esse é o tipo de coisa que eu adoraria fazer se tivesse mais tempo livre.

Resumindo:

- Devemos saber como categorizar as nossas tarefas em importante, urgente ou circunstancial.
- Concentre-se nas tarefas que são importantes e elimine o excesso de tarefas circunstanciais.
- Aprenda com as emergências e previna-se.
- Use a interrupção, a delegação e a rejeição como ferramentas para filtrar tarefas não-importantes.

LOCALIZE-SE:

- ✓ Passo 1: Ter uma visão sistêmica da vida.
- ✓ Passo 2: Saber com clareza o que se quer alcançar.
- ✓ Passo 3: Definir Metas e Objetivos Claros.
- o Passo 4: Gerenciar o sistema de Vida.
- o Passo 5: Implementar o Método de Gestão de Vida.

- o Passo 6: Aprender que na vida geramos "resultados".
- o Passo 7: Gerenciar o estresse cotidiano.
- o Passo 8: Melhoria contínua.

O SEU MÉTODO DE CONTROLE

Neste capítulo:

- Apresentarei um método estruturado para que você organize e administre a sua vida de forma eficaz.

A VIDA COMO ELA É...

Você percebeu que a complexidade e a velocidade na sua vida aumentaram consideravelmente nos últimos anos?

Somos inundados diariamente por dezenas de informações e solicitações das pessoas ao nosso redor, dos nossos colegas de trabalho, de nossos clientes, de nossos familiares, amigos, conhecidos ...

Isso sem contar as situações que entram inesperadamente em nossas vidas (as urgências), ações e compromissos, futuros ou em andamento, que devemos acompanhar.

É importante e necessário termos um **método de administração de vida** para não nos perdermos nesse labirinto, permanecendo no controle, além de direcionar a vida para os nossos objetivos.

O MÉTODO

O método que abordarei aqui é uma variação do método desenvolvido pelo autor David Allen. É um sistema excelente de organização pessoal, adotado com sucesso por milhões de pessoas ao redor do mundo.

EXPERIMENTO

Leia este capítulo inteiro uma vez para ganhar uma visão geral do método e, depois, volte para uma segunda leitura. Aí à medida que for lendo vá seguindo as instruções e incorpore estas técnicas em sua vida, talvez uma de cada vez para reduzir um pouco a complexidade inicial.

MATERIAL NECESSÁRIO

Para utilizar o método tudo o que você necessita são de algumas "caixas de entrada" (continue a leitura para entender o que isso quer dizer), listas para anotar as suas tarefas e um calendário ou agenda.

Você pode utilizar recursos "analógicos" (papel e caneta) ou digitais (aplicativos em laptops, smartphones, ferramentas do Google etc).

O sistema tem como base os seguintes princípios:

- Manter sua lista de afazeres em um local seguro, confiável e fora da sua cabeça (consulte o capítulo sobre estresse mais à frente).
- Dedicar tempo somente para atividades que estejam alinhadas com suas metas e objetivos.
- Privilegiar atividades que resultem na vitória quádrupla: LAR, TRABALHO, COMUNIDADE e SER.

AS ETAPAS DO MÉTODO

O método consiste em quatro etapas simples, que serão vistas em detalhe ao longo deste capítulo:

1. Coletar.
2. Revisar.
3. Processar.
4. Fazer.

Vejamos quais são as atividades a serem realizadas em cada uma dessas etapas.

ETAPA 1: COLETAR

Diariamente diversas coisas, solicitações e informações chegam até nós, vindas tanto do mundo exterior quanto de nossas próprias demandas internas.

Coisas como e-mails importantes e não importantes, solicitações verbais, correspondências em papel, panfletos, contas a pagar, compromissos com data marcada, sites na internet para pesquisar... são todos exemplos de itens que chegam vindos do exterior.

Nossos próprios planos, projetos, desejos e ideias são exemplos de itens que brotam de nosso mundo interior.

Os objetivos da etapa de coleta são os seguintes:

- Recepcionar com segurança aquilo que chega às nossas vidas, evitando que se percam ou que sejam esquecidos.
- Manter esses itens recém-chegados numa espécie de "fila de espera", aguardando o momento apropriado que você tomará uma decisão a respeito de cada um deles.
- Manter nossos cérebros livres da responsabilidade de guardar nossas coisas a fazer, mantendo esses itens fora de nossa cabeça, de forma segura e organizada (veja as razões disso no capítulo sobre estresse mais a frente).

Para cumprir estes objetivos precisamos criar dispositivos físicos ou virtuais, que chamamos de "caixas de entrada", onde armazenaremos essas coisas em segurança e de maneira centralizada à medida que elas forem chegando ou aparecendo.

Como fazer:

Quantas caixas de entrada serão necessárias? Tente manter o número de caixas em no máximo três ou quatro. Por exemplo:

- Sua caixa de entrada para e-mail (virtual);
- Uma caixa portátil, para você carregar e ter sempre à mão (caderno, smartphone, folhas soltas de papel etc);
- Uma caixa física para capturar coisas como correspondência, panfletos, contas a pagar etc.
- Alguma forma de calendário ou agenda para capturar compromissos com data e hora.

Como disse anteriormente, quando uso o termo "caixa" eu me refiro a uma analogia para anotar ou guardar coisas, de forma virtual ou física, que podem ficar num local próprio ou transportadas por você para estar sempre à mão.

No caso de laptops e smartphones existem centenas de aplicativos que podem ser utilizados. Eis algumas opções bem conhecidas pelos usuários que são adeptos do método:

- Evernote;
- Wunderlist;
- Todoist;
- Ferramentas do Google (Calendar, Gmail, Keep, Google Drive etc).

Independente da opção escolhida, ela tem que ser capaz de ser rapidamente acessada e precisa ser confiável. Cuidado para não cair na armadilha em que algumas pessoas caem, de ficar testando diversos aplicativos e ferramentas para escolher qual é a melhor. Eu sei que isto é divertido, mas não é este o foco. Comece a usar o sistema com as ferramentas mais simples possíveis a que você tiver acesso.

No meu caso, quando comecei a usar este sistema, sentia-me mais à vontade com meu caderno. Simples e rápido de acessar e utilizar. Para mim é muito rápido abrir meu caderno e escrever rapidamente o item que eu quero capturar. Nos últimos tempo utilizo uma mescla de analógico com alguns recursos digitais. Anoto as tarefas no papel, mas o meu calendário é digital, a agenda do Google, que acesso de qualquer lugar. Utilize aquilo que fizer mais sentido para você e para o seu modo de ser.

ETAPA 2: REVISAR

Após ter capturado nas suas caixas de entrada os itens que vão chegando no seu dia a dia, é preciso decidir o que fazer com eles.

É aí que entra a etapa de revisão. A revisão é o momento em que você irá esvaziar as suas caixas de entrada, tomando uma decisão a respeito de cada item que foi capturado nelas.

São dois os tipos de revisões:

- revisão diária;
- revisão semanal;

Tanto as revisões semanais como as revisões diárias devem acontecer de preferência em momentos fixos do dia e da semana.

A revisão diária é menor e mais rápida, dedicada a revisar seus e-mails e suas tarefas corriqueiras ou que tenham maior prioridade. Reserve um bloco de tempo de manhã e de tarde para verificar seus e-mails e suas listas de coisas a fazer.

Já a revisão semanal deve acontecer periodicamente e tem que tornar-se um hábito para a vida inteira. É na revisão semanal que você realizará seus planejamentos mais completos e que também tomará decisões importantes de médio e de longo prazo.

Para a revisão semanal, reserve um bloco de tempo maior, de uma a duas horas. A sexta-feira à tarde ou durante o fim de semana são boas opções para a maioria das pessoas. Opte pelo que fizer mais sentido para você.

Como fazer:

- Durante a revisão, processe item a item de sua caixa de entrada, começando pelo primeiro. A regra de ouro é: item tocado é item processado.
- Vá tomando uma decisão a respeito de cada item. Não devolva o item para a caixa. Tome uma decisão a respeito do item imediatamente, de acordo com as técnicas de processamento que explicarei no próximo passo do método.
- Repita esse procedimento para cada item, passando um por um até que todos tenham sido processados e a caixa de entrada esteja vazia.
- Em seguida verifique no seu calendário quais são os eventos e compromissos que precisam ser adequadamente agendados para as próximas semanas. Verifique se há alguma ação de preparação necessária para os compromissos futuros e coloque-os em sua lista de coisas a fazer.

- Revise suas listas de coisas a fazer, selecionando, planejando e agendando quais tarefas serão realizadas na próxima semana.
- Revise a sua lista de trabalhos que estão aguardando resposta ou finalização por parte de outras pessoas. Planeje a realização de acompanhamentos junto a elas para verificar a situação dessas atividades.

ETAPA 3: PROCESSAR

Como explicado, durante as suas revisões diárias e semanais você processará os itens que estão em suas caixas de entrada, tomando uma decisão a respeito de cada um deles.

Seis decisões são possíveis:

a) Descartar;
b) Fazer (regra dos dois minutos);
c) Delegar;
d) Agendar;
e) Arquivar;
f) Incubar;

a) Descartar

Para cada item retirado de sua caixa de entrada durante as revisões, faça as seguintes perguntas:

❖ Este item tem relação com minhas responsabilidades, metas e objetivos?

❖ Este item me proporcionará uma vitória quádrupla (ou seja, no LAR, TRABALHO, COMUNIDADE e no domínio do SER)?

Se o item não passar neste simples teste, descarte-o (jogue-o fisicamente no lixo ou "diga não" a ele, conforme ensinado no capítulo anterior). Se ele não te coloca mais perto dos seus objetivos ou não proporciona ganhos em todos os domínios de sua vida, então obviamente ele será um desperdício do seu tempo e, portanto, não merece sua atenção.

b) Fazer pela regra dos dois minutos

Se um item requer uma ação de sua parte, simplesmente acrescente-o à sua lista de coisas a fazer.

Porém, muita atenção: caso essa ação não leve mais do que dois minutos para ser feita, então nem se dê ao trabalho de colocar isso na lista de coisas a fazer. Faça-a imediatamente.

Por exemplo, retornar uma ligação, escrever um e-mail curto ou buscar uma informação no Google são bons exemplos de coisas que tomam menos do que dois minutos para se fazer. Então não enrole. Faça logo o que tem que ser feito e em seguida marque essa ação como concluída.

c) Delegar

Pondere se a tarefa realmente necessita ser feita por você. Pode ser uma boa ideia delegar a tarefa para que outra pessoa a faça no seu lugar. Falaremos mais sobre como fazer uma boa delegação mais adiante.

Outro caso parecido é quando você precisa de uma informação de alguém ou que outra pessoa realize uma parte do trabalho antes, para que você possa dar continuidade na atividade. Nesses casos, encaminhe o trabalho para as pessoas correspondentes e coloque o item numa lista chamada "Aguardando", tomando o cuidado de anotar a data de envio e a expectativa da data de conclusão da tarefa.

d) Agendar

Tenha uma agenda ou calendário para marcar seus compromissos futuros.

Sempre que um item de sua caixa for algo que tem um prazo ou que precisa ser feito num dia e hora específicos, registre essa tarefa na sua agenda.

Assim, durante as suas próximas revisões diárias e semanais você pode dar uma olhada com antecedência no que você tem marcado para os próximos dias.

Com essa informação em mãos, você poderá então planejar melhor sua semana e, se necessário, preparar-se com a antecedência adequada para o compromisso.

e) Arquivar

Um dos itens em sua caixa de entrada pode ser simplesmente uma informação que você queira guardar para referência futura. Por exemplo, cartões de visitas, números de telefone, folhetos, catálogos etc.

Esses itens devem ser arquivados de modo que, quando eles forem necessários mais tarde, eles sejam rapidamente recuperados (afinal, não queremos desperdiçar o nosso tempo procurando por algo, certo?).

Um bom sistema de arquivamento para itens físicos é aquele que usa a ordem alfabética como índice, usando a primeira letra do nome do assunto em questão. Você pode adquirir uma pasta sanfonada ou similar para essa finalidade.

Por exemplo, o folheto do restaurante "Garfo de Ouro" pode ser arquivado debaixo da letra "R" (de restaurante) ou "G" (do nome do estabelecimento). Dessa forma, você só terá que procurar em duas ou três letras de sua pasta. Bem melhor do que ter que procurar em todas as gavetas da sua casa!

Da mesma forma, tenha uma agenda para arquivar endereços de e-mail e números de telefone importantes. O mesmo método pode ser utilizado para os itens digitais (documentos, e-mails etc.). O mecanismo de busca dos computadores torna a busca naturalmente mais fácil.

f) Incubar

Finalmente, alguns itens que estão em sua caixa podem representar seus próprios planos, projetos e desejos. Coisas que você tem vontade de fazer, mas que não tem razão de serem feitos agora ou no curto prazo.

Aprender chinês, pular de paraquedas, visitar Paris, montar um negócio próprio... Por que não?

Tenha uma lista de incubação onde você anotará seus sonhos e seus projetos futuros. Revise esta lista periodicamente e averigue se há espaço e se é o momento para iniciar esse projeto. Não esqueça de confirmar que ele está alinhado com seus objetivos e metas.

Dessa forma, essas ideias e desejos ficam a salvo, fora de sua cabeça e ainda assim recebendo a atenção que eles merecem.

ETAPA 4: FAZER

Você construiu seu sistema de caixa de entradas. Tem feito as suas revisões diárias e semanais. Parabéns! Agora você pode ser considerado uma pessoa organizada. Show!

O que falta? Falta fazer as coisas acontecerem. Deixe-me mostrar técnicas para te ajudar a executar bem as suas tarefas.

Técnica I : coma um sapo por dia... Melhor se forem três.

> "Se o seu trabalho for comer um sapo, melhor fazer isso bem cedo de manhã. E se por acaso o seu trabalho for comer dois sapos, melhor começar pelo maior".
>
> (Mark Twain)

Lembre-se sempre deste pensamento de Mark Twain. Se você tem três sapos para comer, qual deles você comeria primeiro? Simples. Comece pelo maior e mais feio. Assim, os outros dois serão bem mais fáceis em comparação!

Algumas tarefas são desagradáveis e por isso mesmo mais sujeitas a serem proteladas e adiadas. Procure atacar essas tarefas de preferência bem cedo pela manhã. Uma vez iniciada, a tarefa passa a ficar mais fácil. O difícil é mesmo é começar.

Você já deve ter experimentado esse fenômeno. Assim que começamos a trabalhar em uma tarefa, recebemos uma energia extra, que nos tira da inércia. Essa dose de energia extra nos mantém no embalo do trabalho.

Por isso, **começar é metade do acabar**. A pessoa fica protelando lavar a louça que se acumulou durante a semana. Mas se ela começar, não só vai lavar toda a louça como também vai arrumar as gavetas e lavar o banheiro... Basta começar que a energia necessária vem.

99% das vezes gastamos mais tempo evitando e sofrendo com uma tarefa do que de fato o tempo que gastaríamos para concluí-la. Por isso há um ditado que diz: "Ouse fazer e o poder lhe será dado".

Como funciona esta técnica?

É muito simples. Decida no dia anterior quais serão os três itens de sua lista que serão realizados no dia seguinte. Quando chegar o momento, comece a trabalhar nos itens selecionados, já no começo do dia. Faça acontecer.

Técnica II : Pomodoro

A técnica Pomodoro (que significa "tomate", em italiano) é um método de gerenciamento de tempo desenvolvido no final dos anos 1980 por Francesco Cirillo. O curioso nome vem do formato dos cronômetros de cozinha, com forma de tomate, comuns na década de 80.

O cronômetro é utilizado para marcar a duração de "blocos de trabalho super focados". Esses blocos são conhecidos como "pomodoros" e têm a duração de 25 minutos cada. Entre um bloco de trabalho e o próximo bloco há uma pausa de 5 minutos.

O método consiste em trabalhar de forma disciplinada em uma coisa só, com foco total. Trabalhe por 25 minutos na tarefa, seguidos de 5 minutos de descanso nos quais você pode fazer o que quiser para distrair-se e descansar. Em seguida, inicie o próximo pomodoro, voltando a concentrar-se totalmente na tarefa. Repita essa forma de trabalhar em blocos e pausas.

Como praticar a Técnica Pomodoro?

Material necessário:

- papel e caneta;
- um cronômetro com alarme. Pode ser um simples timer de cozinha. Existem também muitos aplicativos próprios para a técnica

pomodoro disponíveis para smartphones e PCs. Procure por 'pomodoro' nos repositórios e lojas de aplicativos.

Procedimento

1) Inicie criando a sua lista das tarefas prioritárias que serão realizadas no dia. Deixe um espaço na frente das tarefas para ser usado para registro da quantidade de pomodoros (bloco de trabalho) que a tarefa levou para ser completada.

2) Selecione a primeira tarefa que você irá trabalhar.

3) Desligue-se de tudo o que possa te distrair: e-mail, whatsapp, redes sociais, televisão... tudo o que não tiver relação com a tarefa deve ser tirado fora do caminho. A regra é: foco total, sem distração!

4) Programe o cronômetro para emitir um alarme sonoro após 25 minutos. Esses 25 minutos formam um pomodoro (portanto, 1 pomodoro = 25 minutos de trabalho super focado).

5) Trabalhe com empenho na tarefa.

6) Quando o cronômetro soar o alarme, pare.

7) Faça um 'x' na frente da tarefa da lista. A cada pomodoro concluído, um 'x' será marcado na frente do nome da tarefa. Por exemplo, se para concluir uma tarefa você precisou de 3

pomodoros (25+25+25 minutos = 75 minutos) haverá três 'x' na frente do nome da tarefa.

8) Inicie os 5 minutos de descanso, nos quais você poderá fazer o que quiser. Verifique e-mails, vá ao banheiro, assista um vídeo no Youtube, coma ou beba algo... Você merece.

9) Repita os passos 4 a 8 até que a tarefa seja concluída.

10) A cada 4 pomodoros faça uma pausa maior, de 15 a 30 minutos.

11) Trabalhe até finalizar a tarefa. Repita esse procedimento para as demais tarefas da sua lista.

Reforçando algumas regras:

- Uma vez iniciado, o pomodoro não pode parar.

- Se por motivo de força maior, um pomodoro precisar ser interrompido, marque qual foi a urgência/interrupção causadora na lista de tarefas. Faça o possível para encerrar o pomodoro atual.

- Os 'x' que você registrou após completar cada bloco de trabalho servem para registrar quantos pomodoros a tarefa levou para ser concluída. Assim, no futuro, quando você tiver uma tarefa semelhante, você poderá consultar seus registros e verificar exatamente quanto tempo (pomodoros) essa tarefa necessitará. Assim, a sua habilidade para planejar tarefas similares vai melhorando, já que você tem uma base com a duração real das tarefas anteriores.

Resumindo:

- A complexidade da vida moderna requer que tenhamos um método para administrar nossas tarefas e compromissos sem perder de vista nossos objetivos.

LOCALIZE-SE:

- ✓ Passo 1: Ter uma visão sistêmica da vida.
- ✓ Passo 2: Saber com clareza o que se quer alcançar.
- ✓ Passo 3: Definir Metas e Objetivos Claros.
- ✓ Passo 4: Gerenciar o sistema de Vida.
- o Passo 5: Implementar o Método de Gestão de Vida.
- o Passo 6: Aprender que na vida geramos "resultados".
- o Passo 7: Gerenciar o estresse cotidiano.
- o Passo 8: Melhoria contínua.

UM, DOIS, TRÊS, AÇÃO!

Neste capítulo:

- Não é suficiente ter um planejamento, desejar melhorar e ser mais produtivo. É necessário que você aja para que as coisas aconteçam.
- Entenderemos que o conceito de fracasso e sucesso não existe. Tudo o que existe são "resultados".
- Aprender a utilizar a ferramenta PDCA para melhorar continuamente sua forma de gerenciar o tempo.

Se quiser melhorar o mundo, pense. Se quiser mudar o mundo de fato, faça acontecer, aja!

Você já ouviu um ditado popular que diz que "de boas intenções o inferno está cheio"? Mesmo com todas as boas intenções do mundo, o inferno continua sendo um inferno.

A moral do ditado acima é que não adianta ter sonhos maravilhosos, ter planos lindos nas mãos, armar-se de pensamentos positivos e de boas intenções. Tudo isso <u>sem agir, sem fazer acontecer</u>, não significará nada!

Sem ação, nenhum dos seus planos será executado e se concretizará. Sem ação, nenhum sonho pode se tornar realidade. Sem ação, as melhores boas intenções do mundo continuam sendo apenas isso, boas intenções, sem efeito nenhum no Universo.

É quando agimos que mudamos o nosso mundo e é com a ação que temos o real poder de fazer as coisas acontecerem. Nada na sua vida irá mudar, a não ser que você aja para fazer a mudança acontecer.

As coisas começam a acontecer em nossas vidas quando agimos: ao pôr a mão na massa, ao falar e engajar pessoas em nossos projetos, ao construir algo útil para os outros, ao prestar um serviço aos demais, ao planejar e liderar, ao pôr em andamento as atividades etc. Aja, aja muito.

A esta altura, você já montou o seu plano de ações. Portanto agora é a hora de agir para, de fato, produzir os resultados esperados. Tudo o que você tem a fazer é agir. Siga o plano.

Aplique estas três letrinhas simples na sua vida, porém muito eficazes: **TBC**. Significa "Tire a Bunda da Cadeira". Faça com que as coisas aconteçam na sua vida, agindo. **Ouse fazer e o poder para fazer lhe será dado.**

TENTAR É O MESMO QUE SABOTAR-SE: O CICLO VICIOSO

Sabe aquelas vezes que alguém te pediu uma ajuda ou quando você mesmo se dispôs a fazer algo diferente, mas, no fundo, tinha dúvidas se realmente conseguiria? Geralmente, nesses momentos, dizemos "bom, vou tentar".

Pense sobre esta palavrinha: "tentar". Quando a utilizamos, já estamos assumindo uma boa chance de fracassarmos, concorda? E já teremos uma desculpa pronta para o insucesso: "pelo menos eu tentei".

"Tentar", portanto, não tem nada a ver com gerar resultados. "Tentar", "se esforçar", "mostrar boa vontade"... são palavras primas e irmãs da velha família Sabotagem.

"Sabe, chefe. Eu tentei fazer aquilo que você me pediu, me esforcei muito, até levei trabalho para casa... mas não consegui. Tudo bem?"

O que você acha? Está mesmo que está tudo bem?

Se você iniciar uma atividade com uma mentalidade de "vou tentar" e se não conseguiu "tudo bem, pelo menos eu tentei", além de não mostrar compromisso algum com as metas estabelecidas por você, ainda por cima te joga para dentro de um tenebroso ciclo vicioso...

Eu acho que eu não consigo. Me proponho a tentar. Tentei e não consegui mesmo. Assim reforço a minha crença de que não consigo mesmo. Para que tentar de novo?

GERENCIE SEUS RESULTADOS

Sucesso e fracasso NÃO existem. Este é um dos pressupostos básicos da Programação Neurolinguística (PNL). A PNL é uma ciência que surgiu na década de 70 e só vem crescendo nos últimos anos. Com ela é possível reprogramar nosso cérebro e com isso aumentar nosso desempenho pessoal.

Uma das ideias mais fundamentais da PNL é a de que tanto o fracasso como o sucesso são só maneiras de interpretar os resultados que obtemos. No fundo é só isso mesmo: um resultado.

Um resultado pode ser positivo, ou pode ser negativo, pode ser satisfatório, aceitável ou não aceitável... A parte bacana dessa visão é que ela nos conscientiza de que resultados são meras consequências de causas específicas. Mude as causas e você mudará inevitavelmente os resultados que obterá.

Esse conhecimento é maravilhoso para reduzir a nossa ansiedade com as tarefas, pois reduz a obrigatoriedade de acertar de primeira. Sabemos que sempre podemos reavaliar o resultado obtido, e com base nisso mudar a ação, a abordagem ou a atitude para ter como consequência um resultado diferente.

O CICLO VIRTUOSO

Vejamos como entrar em "ciclos virtuosos" com facilidade. Para isso ser possível aplicaremos uma excelente ferramenta usada pelos departamentos de Qualidade das empresas há muitos anos. Trata-se da ferramenta PDCA.

Cada uma das letras de PDCA são as iniciais de palavras em inglês, que representam etapas de um ciclo de execução de ações.

1) **Plan (Planejar):** planejar a tarefa a ser feita.
2) **Do (Fazer, agir):** fazer o que foi planejado
3) **Check (Verificar):** verificar os resultados obtidos.
4) **Adjust (Ajustar):** ajustar as ações planejadas para o próximo ciclo, baseando-se nos resultados obtidos.

O PDCA é a receita para o ciclo virtuoso:

Planejar. Executar. Verificar se o resultado obtido era o esperado. Fazer ajustes na ação para fazer diferente na próxima rodada. Planejar, executar, verificar, ajustar. Repita até conseguir o resultado esperado.

Esta sequência forma uma espiral ascendente que nos aproxima cada vez mais dos resultados que queremos. Diferente do ciclo vicioso, que mais parece com um cachorro correndo atrás do próprio rabo, o PDCA sempre nos coloca numa posição mais próxima do resultado que queremos conseguir.

Quando utilizamos o PDCA para gerar os resultados que queremos, geramos aprendizado, empoderamento, autoestima e fé no atingimento de nossas metas. Com o PDCA, o fracasso passa a ser apenas um resultado possível, que será estudado, avaliado e contornado no planejamento para a próxima iteração.

O CICLO VIRTUOSO NOS TORNA FLEXÍVEIS

Já ouviu a história da criação da lâmpada elétrica? Diz-se que Thomas Edison, o inventor americano que criou a lâmpada elétrica, fez centenas de experimentos, todos falhos, antes de conseguir fazer um protótipo da lâmpada elétrica funcionar.

Qual foi a principal qualidade que permitiu que ele persistisse? Flexibilidade. Ele foi capaz de perceber o que não estava funcionando, aprendendo com os erros e sendo flexível para mudar o que não estava funcionando. Assim, ele ia ajustando a cada nova tentativa com base no que tinha aprendido na rodada anterior. Ele seguiu a aplicação do PDCA, não encarando nada como fracasso e nem como sucesso. Estudou seus resultados, até conseguir o resultado que buscava: um protótipo funcional da lâmpada.

EXPERIMENTO

Incorpore a filosofia do "tudo é resultado" e utilize o ciclo PDCA na primeira oportunidade que você tiver.

Verifique os resultados que você obtém. Seja flexível e, diante de um resultado não esperado, aprenda com isso e planeje a próxima rodada, ajustando o que precisar ajustar, até conseguir o resultado que quer. Ajuste suas ações de forma a se aproximar cada vez mais dos resultados pretendidos.

Resumindo:

- Ao agir mudamos o mundo e fazemos as coisas acontecerem de fato, gerando resultados.

- Não existe fracasso. Não existe sucesso. Tudo o que existe é um "resultado".
- A ferramenta PDCA é a base do ciclo vitorioso (ou virtuoso). Ela nos permite modificar os resultados que estamos obtendo e aprender com eles, nos tornando flexíveis e nos conduzindo até os resultados esperados.

LOCALIZE-SE:

- ✓ Passo 1: Ter uma visão sistêmica da vida.
- ✓ Passo 2: Saber com clareza o que se quer alcançar.
- ✓ Passo 3: Definir Metas e Objetivos Claros.
- ✓ Passo 4: Gerenciar o sistema de Vida.
- ✓ Passo 5: Implementar o Método de Gestão de Vida.
- ✓ Passo 6: Aprender que na vida geramos "resultados".
- o Passo 7: Gerenciar o estresse cotidiano.
- o Passo 8: Melhoria contínua.

MANTENDO A CABEÇA FRIA

Neste capítulo:

- Aprenda a reduzir o estresse, desentulhando a carga da sua cabeça.
- Preocupar-se sim, mas do jeito correto.
- Como trabalhar em tarefas complexas usando o conceito de Projeto para lidar com elas.

Este capítulo reúne técnicas e abordagens com as melhores formas de reduzir o estresse causado pela quantidade e complexidade de coisas que temos que lidar no dia a dia.

ESTRESSE POR SOBRECARGA CEREBRAL

Sabia que uma das causas de estresse e da ansiedade que sentimos vem do fato de que tentamos usar o cérebro para guardar todas as nossas tarefas, compromissos e informações?

O seu cérebro é uma ferramenta muito poderosa para raciocinar, criar e planejar. Ele é a base física de todas essas funções maravilhosas que a alma e a mente humana podem nos proporcionar.

Porém, quando o assunto é guardar compromissos e coisas a fazer na memória... Acredite, o cérebro não é tão maravilhoso assim.

Estudos sobre as limitações da memória humana realizados por George Miller na década de 50 já mostravam claramente que uma pessoa consegue manter em média apenas sete coisas confortavelmente na sua Memória de Curto Prazo.

Imagine agora tentar guardar todas as coisas que você tem que fazer, mais as solicitações das pessoas com quem você interage no seu dia, datas, horas e locais de compromissos, vencimentos de contas a pagar, lista de compras do supermercado, datas de aniversários, nomes das pessoas a quem você é apresentado...

Se você for uma pessoa medianamente ocupada, eu posso apostar que a sua lista de afazeres atual deve conter dezenas de itens.

No momento que estou escrevendo estas linhas, a minha lista pessoal de coisas a fazer contém exatos 72 itens capturados. Uma quantidade que é bem maior do que os sete itens que eu conseguiria manter na minha memória.

Tentar manter tudo isso na cabeça é receita certa para impor uma sobrecarga ao cérebro. Você tem que usar bastante energia mental para manter tudo aquilo que precisa de atenção sob controle. O cérebro deve ter um uso mais nobre do que meramente servir como agenda ou bloco de anotações!

Como desgraça pouca é bobagem, o hábito de usar o cérebro como agenda ou caderno de anotações também provoca uma forte sensação de impotência e ansiedade. Sabe por quê? Porque você não consegue ter clareza sobre os assuntos pendentes e não resolvidos que você está se esforçando por manter na sua memória.

Você fica com uma nuvem de informação na cabeça, que é meio vaga e incerta quanto ao tamanho e a complexidade das coisas que estão guardadas lá. Aí você acaba ficando estressado com isso, pois sente que está sobrecarregado com coisas a fazer. E o cérebro ainda tem o péssimo costume de lembrar de assuntos que não tem nada a ver com o local em que você está no momento ou com aquilo que você está fazendo.

Você acabou de voltar do mercado e se lembra: "puxa, tinha que comprar tal coisa...", mas aí a oportunidade já passou. Você está escovando os dentes antes de dormir e se lembra da conta que não pagou... E assim por diante.

CRIE UMA MEMÓRIA AUXILIAR

O segredo para você ter mais tranquilidade e paz de espírito é transferir todos esses assuntos de dentro do seu cérebro para um sistema auxiliar no qual você confie.

E você já tem isso praticamente pronto. Você implementou a nossa ferramenta de controle de vida, certo? Faça com que as suas caixas de entrada e suas listas estejam totalmente incorporadas no seu dia a dia e sejam revisadas regularmente. Assim o seu cérebro saberá que os assuntos estão seguros e em ordem.

Você terá maior clareza para tomar decisões sobre cada assunto e terá energia mental de sobra para planejar sua evolução e crescimento pessoal. E para ser criativo!

O primeiro passo é o que eu chamo de "sessão de descarrego". Anote tudo, absolutamente tudo que você tiver de compromissos, informações ou tarefas guardadas no cérebro. Tire tudo de sua cabeça e passe para a sua caixa de entrada principal. Não poupe nada. Nem item pequeno e nem item grande.

Sabe aquelas atividades pendentes que você há tempos pensa em fazer, porém nunca tem tempo? Coloque na lista. E aqueles compromissos básicos do dia a dia? Também. Tudo vai para a sua caixa de entrada. Alguém emprestou algo seu ou vice-versa? Algum reparo a ser feito em casa? Passou em frente a um estabelecimento novo e considerou voltar para conhecer? Anote tudo isso. Qualquer coisa a fazer que eventualmente esteja na sua cabeça, descarregue para o papel.

Você vai demorar algum tempo para terminar este exercício. Você notará que após começar, ao longo do dia, o seu cérebro começará a trazer à superfície da consciência itens antigos que estavam fora de vista, guardados nas profundezas de sua memória. Por isso, é muito importante nessa fase andar com sua ferramenta de anotação e assim que algo novo surgir no radar da sua consciência, passe-o para a sua lista imediatamente.

Muito importante! Para que a sua mente inconsciente entenda que o sistema é confiável e assim diminuir a sensação de estresse (porque se ela não confiar, ela não vai se sentir segura para liberar o item da memória), cuide muito bem da sua caixa de entrada e revise-a periodicamente.

EXPERIMENTO

Realize a sua sessão de descarrego assim que possível. Por que não agora mesmo?

Garanto que a sensação de paz que você vai experimentar ao passar todas as tarefas e obrigações para a sua ferramenta de captura é sem igual!

COMO PREOCUPAR-SE DO JEITO CERTO?

Examine junto comigo a palavra "preocupação". Ela literalmente significa pré-ocupação, ou seja, ocupar-se com algo antes da hora. Isto quer dizer que se você está "pré-ocupado", você literalmente está ocupando seu cérebro com esse algo antes da hora.

Ao preocupar-se você irá dedicar e consumir parte de sua energia mental com uma situação ou atividade antes mesmo que ela ocorra realmente. Isso já aconteceu com você?

Quando você está preocupando-se com algo, você fica pensando sem parar nessa situação futura, muitas vezes perdendo horas de sono com isso. Fica com medo antecipado de como as pessoas envolvidas na situação reagirão. Fica ensaiando como responder a elas e o que falar. Fica ansioso sobre os possíveis resultados negativos para a sua vida e as consequências daquilo que ainda nem sequer aconteceu...

Esses sintomas indicam que você está pré-ocupando-se da forma errada. Você está na verdade gerando estresse para você e também para as pessoas ao seu redor. Uma verdadeira tortura!

Quando perceber que está passando por uma situação de "pré-ocupação", faça o seguinte:

- Se há uma determinada situação ou atividade futura que está ocupando sua atenção no momento presente, reconheça que ela é, de fato, uma situação importante o suficiente para você dedicar algum tempo a ela.
- Nosso cérebro tende a dar um foco exagerado para as possíveis consequências negativas de uma situação. Por questões evolutivas, damos atenção a qualquer coisa que represente "perigo". É isso que ocupará o nosso centro de atenção cerebral.
- Estatisticamente falando, as probabilidades de as consequências positivas ou negativas ocorrerem têm as mesmas chances (isto é, 50%) mas devido ao nosso mecanismo cerebral ancestral temos a sensação de que as consequências negativas estão sempre com 99% de chance de acontecerem!

- **Mantenha uma tela mental positiva, focando nas possibilidades positivas ao invés das negativas.** Só de reconhecer esse fato e não dar trela para a tendência natural de aumentar as possibilidades negativas já ajudará a baixar a ansiedade que sentimos nesses momentos.
- **Ocupe-se, literalmente!** Se você vai fazer uma prova importante, prepare-se para ela estudando com diligência. Faça exercícios para compreender melhor o material, procure materiais complementares de estudo, encha o saco do professor com as suas perguntas.

Se você tem uma conversa importante que acontecerá em breve, como uma entrevista para uma vaga ou uma negociação, prepare-se adequadamente para ela. Faça pesquisas, liste quais são as opções ganha-ganha para todas as partes envolvidas, procure saber quais são as perguntas que normalmente são feitas nesse tipo de entrevista, como se vestir para a ocasião etc.

Resumindo: mexa-se, TBC! Tire a bunda da cadeira, pesquise, escreva, ensaie com outras pessoas, pratique! **Ocupe-se concretamente!** Entre em ação! Nada de ficar apenas remoendo e preocupando-se apenas na sua cabeça. <u>Ao invés de "pré-ocupar-se", ocupe-se de fato!</u>

EXPERIMENTO

Nós já conversamos no capítulo anterior sobre o fato de serem as ações que promovem resultados concretos no seu mundo.

Então, a mensagem aqui é a seguinte: se tiver que preocupar-se, "pré-ocupe-se" com qualidade!

PROJETOS: DIVIDIR PARA CONQUISTAR

Como é que você comeria um elefante inteiro? Simples. Você o comeria um pedaço por vez.

Pode ser que devido ao tamanho, falta de informações ou à complexidade de uma determinada tarefa (o elefante) acabamos ficando paralisados diante dela, sem saber por onde começar. Nosso cérebro não consegue lidar bem com tarefas complexas e pouco claras, de modo que ficamos confusos e perdemos nossa motivação para realizá-la.

Para esses casos, use o princípio do "um pedaço por vez". Se a tarefa é grande e complexa, você está diante **de um projeto** e não de uma tarefa simples.

Compare uma coisa com a outra. Uma tarefa é algo simples, algo que requer apenas uma ação para ser resolvida e concluída. Já um projeto é algo maior, que requer várias tarefas (várias ações) que serão feitas de forma serializada ou em paralelo, para que o conjunto dessas ações atinja o resultado desejado. Assim, o projeto serve para favorecer uma melhor gestão para que as ações necessárias sejam acompanhadas e concluídas com sucesso.

Veja os exemplos abaixo para você entender melhor.

- Escrever um e-mail em resposta a alguém é uma tarefa simples. Requer apenas que você se sente diante do computador, escreva o texto do e-mail e envie. Pronto. Resolvido.
- Já uma viagem de férias com a sua família pode ser considerada um projeto. Para a viagem acontecer e ser memorável (este é o resultado desejado) são necessárias várias ações: pesquisar por destinos, conseguir orçamentos de passagens, de pacotes e de hotéis. Planejar as atividades e lugares que irão visitar. Entrar em acordo com o pessoal de casa sobre o destino e a viagem. Providenciar o que será levado na bagagem. Preparar as malas. Pôr-se a caminho... e assim por diante. Entendeu? São vários passos que precisam ser dados para conseguir o resultado esperado.

Agora que você já sabe a diferença entre atividades simples e situações que requerem projetos, seguem algumas orientações para montar o seu projeto:

❖ Identifique quais atividades serão necessárias para obter o resultado desejado.

❖ Coloque essas atividades em ordem sequencial. Qual é a primeira atividade a ser feita? Qual a segunda? E assim por diante.

❖ Selecione o próximo passo a ser dado (a próxima atividade) e execute esse passo apenas. Uma vez concluído esse passo, decida qual o próximo passo.

❖ Tenha uma visão do prazo final para adequar e ajustar o seu plano. Um pedaço por vez e o elefante será devorado. Minha avó já dizia: "de grão em grão, a galinha enche o papo".

EXPERIMENTO

Crie listas separadas para registrar projetos no seu sistema de controle. Crie uma lista mestre para anotar todos os nomes dos projetos em que você está trabalhando no momento e tenha uma lista para cada projeto para anotar nessa lista específica quais as ações e tarefas correntes e futuras. Inclua estas listas de projeto na sua revisão semanal para acompanhar e verificar as pendências e quais são as próximas ações.

Resumindo:

- Uma das causas da sensação de estresse é o entulho que temos acumulado no cérebro, tentando manter afazeres e compromissos na nossa cabeça apenas.
- Pré-ocupe-se com qualidade, ocupando-se de fato.
- Lide com as tarefas complexas incorporando o conceito de projetos (conjunto de tarefas) no seu sistema de controle.

LOCALIZE-SE:

- ✓ Passo 1: Ter uma visão sistêmica da vida.
- ✓ Passo 2: Saber com clareza o que se quer alcançar.
- ✓ Passo 3: Definir Metas e Objetivos Claros.
- ✓ Passo 4: Gerenciar o sistema de Vida.
- ✓ Passo 5: Implementar o Método de Gestão de Vida.
- ✓ Passo 6: Aprender que na vida geramos "resultados".
- ✓ Passo 7: Gerenciar o estresse cotidiano.
- ○ Passo 8: Melhoria contínua.

MELHORAR SEMPRE

Neste capítulo:

- Para melhorar continuamente, habitue-se a acompanhar as suas atividades, a registrá-las e a avaliá-las.
- Pratique e, à medida que segue em frente, aprenda com seus erros e acertos.

MELHORAR SEMPRE

Fizemos um ótimo caminho até aqui. Conhecemos alguns conceitos úteis e técnicas valiosas para você se tornar um mestre no uso do tempo.

É claro que, quando você colocar em prática essas técnicas, possivelmente vai cometer alguns erros, como esquecer de anotar algo ou agir de forma diferente do que foi orientado. Não se frustre com isso.

Como seres humanos sempre desejamos dar voos mais altos, criando um senso de evolução e progresso pessoal constante. Isso virá com a prática e com o tempo que você se dedicar a utilizar estes conhecimentos na sua vida. Seguem algumas dicas para você melhorar sempre mais e mais.

Dica 1: Acompanhamento e Registro

Acompanhe o seu desempenho ao longo do tempo, separando um tempinho no fim do dia para anotar numa planilha quais foram as tarefas e trabalhos realizados e quanto tempo ou pomodoros essas tarefas levaram para serem concluídas.

Essa planilha será um valioso recurso para você verificar como o seu tempo vem sendo usado. Também fornecerá informações a respeito de quanto tempo você normalmente leva para executar uma determinada tarefa.

Assim, com base nos dados reais de sua experiência passada, você poderá realizar melhores planejamentos e previsões no futuro. Terá condições de estimar com boa precisão quanto tempo será necessário para tarefas similares.

Dica 2: Tenha procedimentos escritos para executar tarefas mais complexas

Evite ter que reinventar a roda toda vez que for realizar uma tarefa nova e mais complexa.

Ao executar uma tarefa complexa pela primeira vez, anote o procedimento de como a tarefa deve ser feita, passo a passo. Anote o que funciona e o que deu errado. Não confie em sua memória. Daqui a três meses, os passos que você deu hoje não estarão tão claros assim...

Com o procedimento escrito finalizado, você terá um roteiro pronto de como tal tarefa é feita, ganhando tempo e evitando que você cometa os mesmos errinhos novamente.

Dica 3: Avalie

É importante que continuamente avaliemos os procedimentos que estamos utilizando e os resultados obtidos.

Avalie e pergunte como você pode fazer melhor da próxima vez. Qual foi a lição aprendida ao realizar este trabalho ou tarefa? Como ela podia ter sido feita melhor? O que você faria diferente.

Aplique a ferramenta PDCA e sempre se pergunte: qual ajuste deve ser feito na próxima vez para que se possa obter um resultado ainda melhor?

Dica 4: Ganhe experiência

Para tornar-nos mestres em qualquer área, devemos praticar e praticar e praticar e praticar... Para bem usar o tempo e obter resultados, não poderia ser diferente. Após ler este livro, a informação você já tem. Agora é com você! Segure firme o leme do barco em suas mãos.

Resumindo:

- Errar é humano. Não se frustre com isso. Aprenda.
- Acompanhe seu desempenho diariamente, registrando o que foi feito e o esforço dispendido.
- Prepare procedimentos escritos para as tarefas complexas.
- Utilize o PDCA na sua prática de uso do tempo.
- Só a prática vai torná-lo um Mestre do Tempo.

LOCALIZE-SE:

- ✓ Passo 1: Ter uma visão sistêmica da vida.

- ✓ Passo 2: Saber com clareza o que se quer alcançar.
- ✓ Passo 3: Definir Metas e Objetivos Claros.
- ✓ Passo 4: Gerenciar o sistema de Vida.
- ✓ Passo 5: Implementar o Método de Gestão de Vida.
- ✓ Passo 6: Aprender que na vida geramos "resultados".
- ✓ Passo 7: Gerenciar o estresse cotidiano.
- ✓ Passo 8: Melhoria contínua.

ENFIM A MAESTRIA DO TEMPO

Parabéns! Você concluiu a leitura do livro.

Você tem agora o conhecimento necessário sobre princípios que tornam real a possibilidade de investir o seu tempo de maneira adequada e produtiva.

Como tudo na vida, a prática é o que traz a perfeição e não o conhecimento meramente estocado no seu cérebro. Ser um mestre não é ser um espectador. Requer prática diligente, sem fim, diariamente.

Por isso, pratique! TBC! "Tire sua bunda da cadeira" e faça com que as ideias e técnicas apresentadas neste livro realmente se tornem uma realidade em sua vida.

Avalie os resultados que você está obtendo. Ajuste e adapte as técnicas e ferramentas para a sua própria situação de vida, de modo que os resultados sejam os melhores possíveis para você!

Desejo a você uma vida mais equilibrada, um uso mais racional e rentável do tempo e a possibilidade de

alcançar suas metas e seus sonhos! Este é o seu destino!
Boa viagem!

SOBRE O AUTOR

ANTONIO ALBIERO é professor, mentor e especialista em Mentoterapia Integrativa e outras terapias, certificado internacionalmente. É formado em engenharia elétrica e possui especializações em engenharia de software, docência do ensino superior, Programação Neurolinguística, Hipnoterapia, Psicanálise e Coaching. Antonio é reconhecido por seus alunos pela facilidade com que consegue passar conceitos complexos de forma leve, divertida, simples e prática. Tem mais de 30 anos de experiência em vários níveis no mundo corporativo e uma década de experiência nas áreas de formação humana, desenvolvimento profissional e no atendimento terapêutico.

Ele utiliza e ensina as técnicas que ensina neste livro para administrar melhor a sua vida, conseguindo dessa forma fazer mais com menos.

Informações sobre seus livros, cursos, consultoria e palestras podem ser encontradas no site **antonioalbiero.com**.

Conecte-se e acompanhe o professor Antonio nas redes sociais:

Instagram: www.instagram.com/antonioalbiero/

Facebook: www.facebook.com/antonioalbierocoach/

Youtube: www.youtube.com/@aalbiero

Linkedin: www.linkedin.com/in/antonio-albiero/

www.ingramcontent.com/pod-product-compliance
Lightning Source LLC
Chambersburg PA
CBHW070855260726
48661CB00004B/1425